SIMON &
SCHUSTER
LIBROS EN
ESPAÑOL

EL NUEVO LIBRO DE COCINA DIETÉTICA DEL DR. ATKINS

•

Robert C. Atkins

y Verónica Atkins

SIMON & SCHUSTER

LIBROS EN ESPAÑOL

Rockefeller Center

1230 Avenue of the Americas

New York, NY 10020

SIMON & SCHUSTER LIBROS EN ESPAÑOL y su colofón son marcas
registradas de Simon & Schuster Inc.

Diseño de Barbara M. Bachman

Impreso en los Estados Unidos de América

7   9   10   8   6

Datos de catalogación de la Biblioteca del Congreso: Puede solicitarse información

ISBN 0-684-84195-9

Los consejos en este libro, aunque basados en las experiencios del autor con miles de pacientes, no se proponen sustituir los consejos de su médico. A las mujeres embarazados y a las personas con enfermedades serias de los riñones se les aconseja fuertemente no usar esta dieta.

A mi madre, Emma, que estaría muy orgullosa de mí.

—*Verónica Atkins*

• Contenido •

· Véase bien, pierda peso ·
y disfrute sus alimentos

por el Dr. Robert C. Atkins

Vamos a suponer que a usted le encanta la comida—a todos les encanta—y sin embargo, tiene que perder peso y mantenerse así. No sólo le fascina cualquier tipo de comida, sino los alimentos suculentos, ricos y sustanciosos. Entonces se enfrenta a un dilema: escoger entre verse y sentirse bien o, comer bien.

Usted *puede* lograr los dos. Al utilizar este recetario especial, los amantes de la buena cocina aprenderán a crear platillos suculentos y perder peso al mismo tiempo, siendo la envidia de los que hacen estrictas dietas a base de vegetales. Podrá disfrutar de todas las cosas que otras dietas le prohíben. Además, las recetas en este libro son tan versátiles que puede usarlas en una cena formal y nadie supondrá que está a dieta, por supuesto, a menos que comparta el "secreto" con sus invitados.

El secreto es la dieta Atkins.

La dieta Atkins no es otra dieta novedosa; tampoco es una más de las muchas opciones para hacer dieta. Es tan diferente de los otros métodos para perder peso que simplemente dirá: "¡No puede ser verdad!"

Puedo apostar que la mayoría de quienes leyeron mi libro, *Dr. Atkins' New Diet Revolution* y probaron sus recetas, sonreirán al escuchar este escepticismo. Saben por experiencia que lo que digo es verdad. Para quienes no la conozcan, la dieta Atkins está dirigida específicamente a corregir el desequilibrio metabólico que causa el sobrepeso.

Un peso excesivo, especialmente en un grado significativo, representa un desorden metabólico identificable, llamado hiperinsulinismo. Unos exámenes sanguíneos demostrarán si lo padece. De ser así, puede corregirlo (evitarlo, en realidad) reduciendo drásticamente el consumo de carbohidratos. El motivo: la insulina inunda el torrente sanguíneo sólo cuando se consumen carbohidratos; por lo tanto, al eliminar los carbohidratos evitará por completo el problema de insulina. Como víctima del hiperinsulinismo, será metabólicamente normal hasta que consuma carbohidratos.

Al reducir el consumo de carbohidratos casi a cero, induce a su organismo a crear una sinfonía bioquímica de elementos químicos que movilizan las grasas. Cuando esos químicos se acumulan en el torrente sanguíneo, como sucede cuando pasa cuarenta y ocho horas sin carbohidratos, el azúcar en la sangre se normaliza, y usted tendrá más energía y menos hambre. Debido a que se reducirá tanto su hambre, los alimentos que coma le llenarán y satisfacerán. Sin embargo, al mismo tiempo estará perdiendo peso rápidamente; a una velocidad que por lo general sólo ocurre con un tipo de dieta de hambre. Y lo que es más curioso, estará eliminando centímetros de donde desea quitar grasa no deseada.

A pesar de la verdad médica de estos principios, vivimos en una época en donde la "moda" de dietas bajas en grasas ha llegado a ser tan popular que muy pocas personas la cuestionan. Incluso las dietas bajas en grasas han llegado a ser la dieta estándar. Los restaurantes, los autores de libros de cocina y los dietistas, entre otros, nos han tratado de convencer de que una dieta baja en grasas puede ser agradable.

Pero, ¿son tan agradables y satisfactorios los alimentos como en "los viejos tiempos"? Para mí no. Los restaurantes que conocí en el pasado ya no son los mismos; no hacen los mismos platillos suculentos que solían servir. Las salchichonerías cuyos *corned beefs* ganaban premios por ser de "los mejores de la ciudad" hace años, ahora ofrecen una variante sin grasa que no vale la pena comer. Y, sin embargo, las revistas y periódicos hablan maravillas de esta "cocina" sin grasa, con un entusiasmo desenfrenado que hace que me pregunte si "gourmet" y "masoquista" son palabras que se han convertido en sinónimos. No importa lo que otros libros de recetas sostengan, los alimentos sin grasa saben diferente. No existen sustitutos deliciosos para una crema espesa, paté o tocino. Las creaciones bajas en grasa simplemente no funcionan, porque la grasa crea, convierte e intensifica los sabores, siendo eso lo que lo hace sentir saciado y lleno. Ni su cuerpo ni las papilas gustativas se pueden engañar.

Para que cualquier dieta tenga éxito, debe ser un plan de por vida. El desequilibrio metabólico que lleva al sobrepeso no desaparece, así que su dieta debe dominar su metabolismo para siempre. Pero otros libros de cocina esperan que viva el resto de su vida comiendo alimentos blandos sin grasa. Imagínese una vida sin verdadera mantequilla, crema y verdaderos bistecs. Ésta es la razón por la que muchas otras dietas fallan. Los requerimientos son tan estrictos y aburridos que nadie puede seguirlos.

Este libro está diseñado para servirle como guía, una guía hacia una revolución en el comer: una dieta nueva revolucionaria. Al usar las recetas de este extraordinario libro, cocinará y disfrutará comiendo alimentos verdaderos. Escrito por la gourmet, especialista en alimentos bajos en carbohidratos, mi esposa, Verónica Atkins, estas recetas compiten con las de cualquier restaurante o revista gourmet. Cuando pruebe las creaciones de Verónica se dará cuenta de lo que se ha perdido. Se dará cuenta de una paradoja fascinante: la comida dietética puede ser mejor, más rica y más suntuosa que la mayoía de las comidas diarias.

Debido a que comer juntos es tiempo precioso para cualquier familia, Veronica, ha creado ingeniosamente platillos apetitosos que pueden prepararse en treinta minutos o menos. Esto le permitirá concentrarse en la buena comida y la maravillosa compañía, cuando disfrute las comidas con su familia y amistades. ¿No es esto de lo que en verdad se trata el comer?

· La mejor comida que usted haya probado ·

por Veronica Atkins

El Dr. Atkins y yo hemos elaborado este libro no sólo para estimular su apetito, sino para darle los conocimientos para que viva una vida baja en carbohidratos. No queremos que se sienta que está a dieta. Queremos que disfrute la cocina variada y abundante que le brinda una dieta baja en carbohidratos. El libro también está dirigido la persona que cocina en casa y tiene muchas ocupaciones; por lo tanto, todas las recetas se pueden elaborar en treinta minutos o menos. Estos platillos son satisfactorios, deliciosos, nutritivos y sustanciosos, así como fáciles y adaptables. En estas recetas no escatimé en sabores o ingredientes porque no lo tenía que hacer, además de que mi opinión acerca de los alimentos no me lo permitiría.

Durante toda mi vida, los alimentos han sido una parte esencial. Como me crié durante la postguerra en Europa, los alimentos escaseaban, pero aun así mi familia disfrutaba de maravillosos platillos creativos. Como cantante de ópera, viví en muchos países con tradiciones culinarias únicas, y descubrí muchos alimentos y sabores nuevos. Después, en Estados Unidos encontré un espíritu similar, un médico revolucionario, para quien la comida es algo mucho más que mero sustento.

Mi matrimonio y mi trabajo con el Dr. Atkins, y su dieta baja en carbohidratos, fueron la continuación natural del amor que he tenido toda la vida por la comida. Empecé a crear recetas bajas en carbohidratos, deliciosas y fáciles de hacer. Todas nuestras amistades me preguntaban mis secretos. Pero con la dieta baja en carbohidratos en realidad no hay métodos secretos y complicados para cocinar. Con unos pasos sencillos puede comenzar una dieta para toda la vida.

Le sorprenderá lo fácil que resulta modificar su propio estilo de cocinar para crear un menú bajo en carbohidratos. Los platillos principales son muy fáciles de adaptar a la dieta baja en carbohidratos, porque la mayoría se basan en las proteínas. Las recetas incluidas en este libro son algunas de mis favoritas, y después de elaborarlas pronto aprenderá a adaptar sus propias recetas para que se adapten para la dieta.

Los platillos de verduras son casi igual de sencillos de adaptar a la dieta baja en carbohidratos. Sólo tenga a la mano una lista de las verduras que puede comer.

También he tratado de hacer los platillos de verduras con más sabor y suculentos, que muchas veces pueden ser el platillo principal de una comida.

Los panes y los postres son un poco más difíciles de modificar, pero no imposible. Al probar diferentes sustitutos de los ingredientes, he descubierto las mejores combinaciones para crear deliciosas recetas bajas en carbohidratos.

Pero en realidad este libro no trata de cómo seguir una dieta. Es un libro de comida, comida verdadera, comida suculenta. Le alienta a que experimente con su paladar, probar nuevos sabores y vea la culinaria como una diversión y no como una tarea. Desafortunadamente, el arte culinario se ha visto disminuido debido a que no tenemos tiempo, los alimentos preparados nos esperan en los anaqueles como una respuesta rápida. ¡Pero la gente está exigiendo un cambio! Está literalmente enferma y cansada de alimentos inventados que no contienen grasas o sabores, y que ni satisfacen. Lo que pedimos son alimentos suculentos con ricos sabores. Y no existe otra dieta más adecuada para redescubrir el arte de cocinar en casa. Este libro cambiará su percepción de la culinaria y de las dietas. Llegará a ver estas actividades como una práctica para toda la vida y no como breves experimentos, no como experiencias dolorosas sino como placeres constantes.

ESTRATEGIAS FÁCILES Y RÁPIDAS EN LA COCINA

Si cocina todos los días, su cocina tiene que ser sencilla y eficiente. Si controla la alacena y el refrigerador, también es más fácil hacer una dieta. A continuación encontrará algunas sugerencias prácticas para organizar su cocina para el resto de una vida baja en carbohidratos.

La limpieza del hogar

¡Deshágase de las tentaciones! Seguramente tiene muchos carbohidratos en su cocina: galletas saladas, pan molido, frijoles, galletas, leche descremada, mermeladas, etc. Esto no significa necesariamente que los tiene que tirar o que debe darse un festín final, porque quizá los demás miembros de su familia no estén siguiendo esta dieta con usted. Las recetas de este libro son apropiadas para toda la familia, pero quien lo desee puede agregar carbohidratos extras al platillo principal que ha preparado.

Sin embargo, reúna los alimentos con carbohidratos y colóquelos en un lugar separado de la alacena y el refrigerador. Cuando cocine las maravillosas recetas de este libro, deseará que sus anaqueles estén llenos de alimentos deliciosos, bajos en carbohidratos, que pueda utilizar fácilmente. Si todos los miembros de su familia van a seguir la dieta, o vive solo, entonces puede deshacerse de todas esas tentaciones altas en carbohidratos.

Maneje su semana

Con un poco de planeación puede crear componentes sencillos para la alimentación semanal. Si prepara unas salsas al principio de la semana, las puede combinar con las proteínas básicas (pollo, res, pescado, etc; vea la pág. 211 para una lista completa) o con sobrantes. Terminará con una variedad de comidas con mucho sabor para toda la semana. Desde luego, puede preparar todas las salsas en el momento en que las vaya a utilizar.

Por ejemplo, si prepara un Pesto de cilantro y lima (pág. 161), lo puede servir el primer día con pollo a la parrilla, utilizarlo en un omelet con queso feta al día siguiente y luego agregarle una cucharada a una ensalada de atún. Así que si prepara tres salsas al comenzar la semana, sus alimentos están prácticamente listos.

De compras

La dieta Atkins se basa en ingredientes frescos y saludables, la mayoría de los cuales puede comprar en su supermercado más cercano. De hecho, ir de compras para esta dieta puede hacer sus visitas al supermercado más cortas y sencillas. De acuerdo con nuestra experiencia, los ingredientes frescos se encuentran en el perímetro del supermercado, donde estan las carnes, las verduras y los productos lácteos. Los anaqueles del centro generalmente están llenos de alimentos sobreprocesados altos en carbohidratos, pero ahora los puede ignorar. Cuando haga compras, trate de encontrar alimentos frescos, naturales sin procesar y, de ser posible, busque alimentos orgánicos que no contengan hormonas ni pesticidas.

Más o menos una vez al mes tendrá que ir a tiendas naturistas o especializadas a comprar ingredientes específicos. Si se surte bien, tendrá lo que necesita para el uso diario. Si no puede encontrar algunos de los ingredientes donde vive, puede obtener la mayoría por correo.

Ordene sus víveres por correo

Algunas personas tal vez no puedan encontrar todos los ingredientes en una tienda cercana. Para obtener información actualizada por correo sobre artículos como harina preparada Atkins, harina de soya, harina de tofu, suero proteinado y Stevia, puede llamar al 1-888-DR ATKINS.

Equipo

Una cocina práctica y sencilla debe tener un equipo práctico y sencillo. La adición de algunas ollas y cacerolas a su cocina puede reducir el tiempo de cocción y el de preparación.

PROCESADOR DE ALIMENTOS: Toda cocina lo debe de tener para elaborar un sinnúmero de platillos y eliminará su de dependencia de aderezos embotellados, salsas y sopas enlatadas.

MOLDECITOS PARA HORNEAR: Ideales para cocinar porciones individuales, reducen el tiempo de cocción.

SARTÉN A PRUEBA DE FUEGO: Ofrece la ventaja de transferir directamente un platillo de la estufa al horno.

MOLDES PARA PANQUECITOS: Reducen el tiempo de cocción para panes fáciles y rápidos.

RECIPIENTE PARA BAÑO DE MARÍA: Le permite hacer salsas delicadas o derretir quesos.

SARTÉN ESMALTADO: Éste es el utensilio favorito del Dr. Atkins.

CARBOHIDRATOS OCULTOS

No hace mucho tiempo era difícil calcular el verdadero contenido de los carbohidratos en muchos alimentos. Pero ahora, con las leyes de clasificación, el "gramaje de carbohidratos por porción" está claramente detallado en la descripción nutricional de todos los alimentos procesados. Al evaluar carbohidratos, asegúrese de considerar el tamaño de la porción (generalmente se indica en la parte superior de la etiqueta). En muchas ocasiones la porción, para quienes midieron los gramos de carbohidratos, es sólo una pequeña parte del total. Esto puede ser muy engañoso, así que debe leer cuidadosamente todas las etiquetas. Como regla, cuando una etiqueta estipula que una porción es menor a un gramo de carbohidrato, cuéntelo como un gramo porque podría ser hasta 0.99 de gramo. Cuando cuente carbohidratos siempre es mejor sobrevalorar.

Se puede sorprender de los alimentos que contienen carbohidratos. He aquí algunos de los que debe cuidarse:

- Carnes frías, aderezos embotellados, margarina, mayonesa de imitación, salsa de tomate, pepinillos dulces, pepinillos agrios y quesos dietéticos. Muchas veces se les han agregado azúcares o almidones.

- Salsas preparadas. En ocasiones contienen almidones para espesarlas o azúcares para endulzarlas.

- Otros endulcorantes cargados de carbohidratos, como sorbitol, manitol y otros hexitoles, y otros con el sufijo -osa, como maltosa y fructosa. Lea cuidadosamente las etiquetas que dicen "bajo en azúcar". Los productos pueden no contener azúcares, pero sí estos endulcorantes. También esté alerta con etiquetas que dicen "sin azúcar agregado" porque los productos pueden tener azúcares naturales.

- Productos lácteos. Recuerde que, como regla, cuanto menor sea el contenido de grasa de un producto lácteo, mayor es su gramaje de carbohidratos. Utilice crema en vez de leche descremaday crema agria en vez de yogurt.

- Gomas de mascar, mentas bucales, pastillas para la tos y jarabes para la tos. Muchas veces contienen azúcar y carbohidratos. Sea cauteloso.

- "Bajos en grasa" y "alimentos sin grasa". Cuando a un producto se le han reducido las grasas, generalmente se le han añadido más azúcares y carbohidratos.

SUGERENCIAS PARA MODIFICAR OTRAS RECETAS A LA DIETA BAJA EN CARBOHIDRATOS

- Remítase a la Lista rápida y fácil de alimentos bajos en carbohidratos, que se encuentra al final de este libro (págs. 211–13), como una guía de alimentos que puede comer en la dieta Atkins.

- Para enharinar utilice la mezcla para hornear Atkins, harina de soya, harina de tofu o suero proteinado, en vez de harina.

- Utilice coliflor para espesar las sopas, no papas.

- Utilice crema o yema de huevo para espesar las salsas, no harinas.

- Las cebollas contienen carbohidratos, así que trate de usar cantidades mínimas o agregar un poco de cebolla en polvo.

- Cuando una receta contiene varias verduras, remítase a la Lista de verduras bajas en carbohidratos (pág. 212). Omita las verduras que no están en la lista y sustitúyalas por las que aparecen en ella.

- Cambie la proporción de verduras por carne. En una receta dada, disminuya la cantidad de verduras y aumente la cantidad de carne.

- Utilice el empanizado rápido y fácil I, II o III (págs. 190–92), en vez de los tradicionales. Para las recetas que requieren que el empanizado se espolvoree sobre algo, utilice una mezcla de nuez picada y queso.

- Para artículos de untar y *dips* use las hojas enteras de endibias, huevos cocidos o frittatas sencillas cortadas en rebanadas o moronas de chicharrón de cerdo en lugar de galletas y pan.

- La mayoría de los platillos de huevo al horno no requieren de corteza. Sólo engrase bien un molde con mantequilla y vierta los huevos directamente.

- Experimente con sustitutos del azúcar. Sugerimos usar una combinación porque los endulcorantes crean un efecto sinérgico al mezclarse. Por lo tanto, se requiere menos. Recomendamos no usar Equal o aspartame al cocinar u hornear, ya que pierden su poder endulcorante al calentarse.*

- No suponga que cualquier alimento es bajo en carbohidratos. Lea todas las etiquetas e invierta en un contador de carbohidratos. Y siempre revise los alimentos primero.

---

* A pesar de que la mayoría de los estudios científicos publicados han mostrado que el aspartame (NutraSweet, Equal) es seguro, la experiencia clínica muchas veces ha indicado lo contrario. Se han reportado dolores de cabeza, irritabilidad y la imposibilidad de perder peso o de controlar la glucosa sanguínea, así como reacciones entre quienes no pueden tolerar el glutamato monosódico (MSG). Consulte con su médico si le preocupa utilizar aspartame. El mejor consejo sería usarlo con moderación, preferiblemente combinándolo con otros endulcorantes.

GUÍA RÁPIDA Y FÁCIL PARA *EL NUEVO LIBRO DE COCINA DIETÉTICA DEL DR. ATKINS*

Este libro de cocina es un compañero del libro *La nueva revolución dietética del Dr. Atkins* el cual proporciona una amplia y profunda explicación de las cuatro fases de la dieta Atkins baja en carbohidratos, y los principios científicos que la apoyan. Al usar este libro tenga en cuenta que el éxito de la dieta Atkins depende de un acertado conteo del total de gramos de carbohidratos consumidos por día. Por lo tanto, debe determinar cuántos gramos de carbohidratos consume en cada comida, y asegurarse de no exceder el límite de carbohidratos, así como considerar cualquier carbohidrato adicional que consuma en bocadillos y postres. En este libro hemos creado recetas que son apropiadas para cada fase de su dieta. A continuación encontrará unas pautas que debe seguir al escoger una receta:

Durante la *Fase de inducción* no deberá consumir más de 20 gramos de carbohidratos por día. Pero recuerde que estará en esta fase sólo durante dos semanas.

Durante la *Fase en curso de pérdida de peso* necesita encontrar su propio "Nivel crítico de carbohidratos", como se explica en *La nueva revolución dietetica del Dr. Atkins*. Para la persona promedio que está a dieta, este nivel es de 30 a 50 gramos diarios.

Durante la *Fase de premantenimiento* la pérdida de peso se reduce considerablemente.

Durante la *Fase de mantenimiento* la meta es simplemente mantener su peso (meta) ideal.

En las fases de premantenimiento y mantenimiento puede utilizar las recetas con los conteos de gramos de carbohidratos más elevados.

No olvide pensar en términos de total de gramos de carbohidratos por comida y en total de gramos de carbohidratos por día.

Si cree que nuestras recetas son tan útiles como creemos que lo serán, disfrute las recetas en *La nueva revolución dietetica del Dr. Atkins* y *El nuevo libro de cocina dietetica del Dr. Atkins*.

Bocadillos, entremeses y botanas

•

Guacamole

Rollitos de calabacita con queso de cabra

Corazones de alcachofa envueltos en tocino

Doble queso de untar

Queso de cabra al horno y natillas de queso ricotta

Huevos endiablados

Huevos rellenos al curry

Rollitos de salmón ahumado

Paté de hígado de pollo con clavos

• Guacamole •

El guacamole no es solamente un *dip*. Esta especialidad mexicana sirve como sabroso aderezo para un *omelette* o un acompañamiento muy vistoso para un pollo a la parrilla.

> **TOTAL DE CARBOHIDRATOS: 20.5 *gramos***
>
> **POR PORCIÓN: 10.3 *gramos***

1 aguacate Haas cortado en
    cubos de ³/₈ de pulgada
¹/₃ de taza de cebolla,
    finamente picada
¹/₃ de taza de jitomate fresco
    picado
1 cucharadita de jalapeños
    picados (opcional)

3 cucharadas de cilantro
    fresco picado
1 cucharada de jugo de limón
1 cucharada de aceite de oliva
sal y pimienta al gusto

• Coloque en un recipiente el aguacate, la cebolla, el jitomate, los chiles jalapeños, si los usa, el cilantro, el jugo de limón, el aceite, la sal y la pimienta y mezcle ligeramente. Sirva inmediatamente o guarde tapado en el refrigerador hasta 2 días.

Rinde 2 porciones

· Rollitos de calabacita con · queso de cabra

Los rollitos de calabacita son un apetitoso bocadillo o entremés. Puede sustituir el queso de cabra por otros quesos suaves, como el queso crema o el queso ricotta.

TOTAL DE CARBOHIDRATOS: 13 *gramos*

POR PORCIÓN: 6.5 *gramos*

2 calabacitas grandes, cortadas a lo largo en seis rebanadas de ³/₈ de pulgada de grosor
2 cucharadas de aceite de oliva
1 ¹/₂ onzas de queso de cabra suave

2 cucharadas de jitomate picado
2 cucharadas de perejil fresco picado
sal y pimienta al gusto

- Precaliente la parrilla o el u horno.

Unte las rebanadas de calabacita con el aceite y áselas de 2 a 3 minutos de cada lado o hasta que estén ligeramente doradas. Deje que la calabacita se enfríe un poco y unte 1¹/₂ cucharaditas de queso de cabra en cada rebanada. Coloque encima 1 cucharada de jitomate, 1 cucharada de perejil y sazone con sal y pimienta. Enrolle las rebanadas de calabacita y sujételas con un palillo. Sirva inmediatamente.

Rinde 2 porciones

• Corazones de alcachofa envueltos • en tocino

Estos corazones de alcachofa, de fácil preparación, son unos bocadillos o entremeses fabulosos.

> TOTAL DE CARBOHIDRATOS: 18.2 gramos
>
> POR PORCIÓN: 1.5 gramos por pieza

¼ de libra de tocino rebanado muy delgado
1 lata de 14 onzas de corazones de alcachofas escurridas o 1 paquete

(10½ onzas) de corazones de alcachofas congeladas Descóngelelas y córtelas en mitades

- Precaliente la parrilla.

Corte en mitades las rebanadas de tocino, colóquelas en una lata de hornear y áselas durante 3 minutos. Deje enfriar el tocino.

Cuando el tocino haya enfriado lo suficiente, coloque cada mitad de corazón de alcachofa en un trozo de tocino, con el lado asado hacia adentro, y sujete con un palillo. Ponga en la parrilla de 4 a 5 minutos o hasta que el tocino este crujiente y tenga un color marrón. Sirva inmediatamente.

Rinde 2 porciones

• Doble queso de untar •

Este queso de untar de sabor fuerte es excelente con las Mantecadas de crema agria y ajonjolí (pág. 186). También se puede servir derretido sobre verduras salteadas para crear un acompañamiento suculento.

> **TOTAL DE CARBOHIDRATOS:**
>
> .76 gramos por ¾ de taza

⅓ de taza de queso Cheddar fuerte, rallado

⅓ de taza de queso Monterrey Jack, rallado

4 cucharadas (½ barra) de mantequilla

1½ cucharaditas de aceite de oliva

• Combine el queso Cheddar, el queso Monterrey Jack y la mantequilla en una cacerola pequeña (preferiblemente antiadherente) y cocine a fuego lento, durante 3 minutos sin dejar de revolver, hasta que la mezcla de queso esté suave y espesa. Vierta el aceite en un recipiente pequeño, o un moldecito para hornear, y luego la mezcla de queso sobre éste. Tape y enfríe durante 10 minutos. Guarde en el refrigerador hasta 5 días.

Rinde alrededor de ¾ de taza

• Queso de cabra al horno y natillas • de queso ricotta

Estas exquisitas natillas se cuecen en en moldecitos para hornear por separado y se envuelven individualmente en hojas de espinaca. Sirva sobre verduras mixtas como entremés o como plato fuerte al almuerzo.

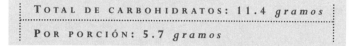

> **TOTAL DE CARBOHIDRATOS: 11.4 gramos**
>
> **POR PORCIÓN: 5.7 gramos**

mantequilla para engrasar los moldecitos
½ taza de queso ricotta de leche entera
3 onzas de queso fresco de cabra
1 ½ cucharadas de queso parmesano, rallado
1 ½ cucharadas de nuez picada
1 cucharada de albahaca fresca picada
1 huevo, ligeramente batido
sal y pimienta al gusto
6 hojas grandes de espinaca, sin tallos y lavadas

- Precaliente el horno a 350°F.

  Engrase con mucha mantequilla dos moldecitos de 5 onzas.

  Combine el queso ricotta, el de cabra, el parmesano, las nueces, la albahaca, el huevo, la sal y pimienta en un recipiente y mezcle bien. Forre cada moldecito con tres hojas de espinaca. Agregue la mezcla de queso a los moldecitos llenando hasta ¼ partes y hornee durante 30 minutos. Deje que los moldecitos se enfríen durante 5 minutos.

  Para servir, coloque un plato pequeño extendido sobre cada moldecito y voltéelo boca abajo, cortando los trozos de espinaca que salgan del borde. Golpee ligeramente el fondo del moldecito, y retírelo, con lo cual se separan las natillas. Los moldecitos deben despegarse fácilmente. Sirva inmediatamente.

Rinde 2 porciones

• Huevos endiablados •

Estos huevos rellenos hacen una botana o entremés de éxito seguro. Tal vez quiera duplicar o triplicar la receta si tiene invitados; ¡desaparecerán rápidamente!

> **TOTAL DE CARBOHIDRATOS: 2.4 gramos**
>
> **POR PORCIÓN: 1.2 gramos**

3 huevos cocidos
2 cucharaditas de alcaparras
    picadas
1 cucharada de apio picado
1 cucharada de cebollitas
    picadas (únicamente la
    parte blanca)
1 onza de jamón hervido,
    picado

1 cucharada de mayonesa
½ cucharadita de mostaza
    tipo Dijon
sal y pimienta al gusto
paprika para adornar
    (optativo)
perejil picado o eneldo fresco
    picado para adornar
    (optativo)

• Corte los huevos en mitades, separe las yemas y coloque en un recipiente. Ponga a un lado las claras. Agregue las alcaparras, el apio, las cebollitas, el jamón, la mayonesa, la mostaza, la sal y la pimienta a las yemas y mezcle bien.

Divida proporcionalmente la mezcla de las yemas entre las claras formando pequeños montículos. Adorne los huevos con paprika y perejil, si lo desea. Sirva inmediatamente o guarde bien tapados en el refrigerador durante un día.

Rinde 2 porciones

• Huevos rellenos al curry •

Tenga a la mano estos deliciosos huevos rellenos para servir como botana o bocadillos. Esta receta se presta fácilmente para duplicarse o triplicarse.

TOTAL DE CARBOHIDRATOS: 0.9 *gramos*

POR PORCIÓN: 0.5 *gramos*

4 huevos cocidos
1 cucharadita de mostaza tipo
   Dijon
1 cucharada de mayonesa

½ cucharadita de curry en
   polvo
1 pizca de chile piquín
sal y pimienta negra al gusto

• Corte los huevos en mitades, separe las yemas y colóquelas en un recipiente. Pongo a un lado las claras. Agregue a las yemas la mostaza, la mayonesa, el curry en polvo, el chile piquín, la sal y la pimienta negra y mazcle bien. Divida proporcionalmente la mezcla de las yemas entre las claras, formando montículos. Sirva inmediatamente o guarde bien tapado en el refrigerador hasta un día.

Rinde 2 porciones

• Rollitos de salmón ahumado •

Estos elegantes bocadillos son delicados y tienen mucho sabor.
Se pueden servir con unas gotas de jugo de limón, si desea.

> TOTAL DE CARBOHIDRATOS: 1.7 *gramos*
>
> POR PORCIÓN: 0.9 *gramos*

2 onzas de salmón ahumado,
rebanado muy delgado
2 cucharadas de Crema de
rábano picante (pág. 168)

1 cucharada de alcaparras
1 cucharadita de eneldo fresco
picado

• Corte el salmón en tiras de 1 pulgada. Coloque una bolita de masa de la crema en una orilla de la tira, ponga una alcaparra encima y espolvoree con un poco de eneldo. Enrolle las tiras y sujete con un palillo. Sirva inmediatamente.

Rinde 2 porciones

• Paté de hígado de pollo con clavos •

El paté es un bocadillo muy elegante, de fácil preparación. Para darle al tradicional huevo endiablado un toque diferente, trate de usar este paté como relleno para las claras de huevo.

> **TOTAL DE CARBOHIDRATOS:**
>
> 4.5 gramos por ³/₄ de taza

¼ de libra de hígados de pollo
2 cucharadas de mantequilla
   blanda
¼ de cucharadita de mostaza
   en polvo
⅛ de cucharadita de clavos
   molidos

1 cucharada de cebolla
   rallada
1 pizca de chile piquín
sal y pimienta negra al gusto
2 cucharaditas de jerez seco
   (optativo)

• Coloque los hígados de pollo en una cacerola. Agregue suficiente agua para cubrirlos, deje hervir y baje el fuego. Los Hierva a fuego lento, tapados, de 15 a 20 minutos, o hasta que estén suaves. Escurra bien y pase a un procesador de alimentos.

Agregue la mantequilla, la mostaza en polvo, los clavos, la cebolla, el chile piquín, la sal, la pimienta negra y el jerez, si lo usa. Haga puré durante un minuto o hasta que esté suave, raspando los lados con una espátula. Pase el paté a un recipiente y enfríe durante 10 minutos. Sirva inmediatamente o guarde bien tapado en el refrigerador hasta 3 días.

Rinde alrededor de ³/₄ de taza

Sopas

•

Sopa de pepino al eneldo
Sopa de espinaca y almeja
Sopa de pimiento asado
Sopa de cebolla gratinada a la francesa
Sopa de espárragos y puerro (poro)
Crema de berro
Sopa de aguacate
Sopa de queso de Roquefort y tocino

• Sopa de pepino al eneldo •

Durante los meses cálidos guardamos en el refrigerador un recipiente de esta refrescante sopa para una botana rápida por la
tarde.

> **TOTAL DE CARBOHIDRATOS:**
>
> 11.2 gramos por 2 tazas

1 cucharada de aceite de oliva
¹/₃ de taza de cebolla picada
1 pepino grande pelado, sin
    semillas y cortado en
    rebanados de ¹/₂ pulgada
    de grosor
1 taza de caldo de pollo

1 cucharada de vinagre
    balsámico
¹/₂ taza de eneldo fresco picado
sal y pimienta al gusto
crema agria como
    complemento (optativo)

• Caliente el aceite en una cacerola grande a fuego medio-alto,
sin que se ahúme. Agregue la cebolla y saltee, revolviendo durante 2 minutos. Agregue el pepino y el caldo hasta que suelte el
hervor. Baje el fuego, tape y cocine a fuego lento durante 10 minutos. Agregue el vinagre, eneldo, sal y pimienta.

    Pase la mezcla a un procesador de alimentos y haga puré du-
rante un minuto o hasta que esté suave. Sirva frío con la crema
agria, si desea.

Rinde alrededor de 2 tazas

• Sopa de espinaca y almeja •

Todos los ingredientes para esta sopa tan apetitosa se encuentran disponibles durante todo el año. Sirve como una deliciosa entrada para las Chuletas de cordero marinadas a la parrilla (pág. 117).

> **TOTAL DE CARBOHIDRATOS:**
>
> 32.3 gramos por 3 tazas

2 rebanadas de tocino, cortado en trozos de 1 pulgada
2 filetes de anchoas enlatados en aceite, picados
$\frac{1}{2}$ cebolla pequeña cortada
1 diente de ajo pequeño, picado
2 tazas de caldo de pollo

medio paquete de $10\frac{1}{2}$ onzas de espinaca congelada, descongelada y escurrida
$\frac{3}{4}$ de taza de almejas frescas o enlatadas, cortadas
$\frac{3}{4}$ de taza de crema espesa
sal y pimienta al gusto

• Coloque el tocino, los filetes de anchoa, la cebolla y el ajo en una cacerola grande. Cocine a fuego medio, revolviendo durante 3 minutos, o hasta que el tocino empiece a dorar. Agregue el caldo y deje que suelte el hervor. Agregue la espinaca, las almejas y la crema, y deje que suelte el hervor de nuevo. Agregue la sal y la pimienta, baje el fuego y cocine a fuego lento durante 4 minutos. Sirva inmediatamente.

Rinde alrededor de 3 tazas

• Sopa de pimiento asado •

El sabor fuerte del parmesano y los pimientos dulces asados la dan a esta sopa sustancia y mucho sabor.

> **TOTAL DE CARBOHIDRATOS:**
>
> 19.2 gramos por 2 1/2 tazas

2 cucharadas de aceite de oliva

1 tallo de apio, limpio y picado

1/3 de taza de cebolla picada

1 diente de ajo, picado

2 pimientos amarillos o rojos asados (vea procedimiento en la pág. 150)

pelados, sin semillas y cortados

1 1/2 tazas de caldo de pollo

1/3 de taza de crema espesa

sal y pimienta negra al gusto

1/4 de taza de queso parmesano, rallado

• Caliente el aceite en una sartén a fuego moderado hasta calentar, sin que se ahúme. Agregue el apio, la cebolla y el ajo y cocine, revolviendo ocasionalmente, alrededor de 5 minutos hasta que el apio esté suave. Agregue los pimientos y el caldo. Deje que suelte el hervor, baje el fuego y cocine a fuego lento durante 3 minutos.

Pase la mezcla a un procesador de alimentos. Agregue la crema, sal y la pimienta, y procese por 45 segundos hasta que esté suave. Cuele la sopa en dos tazones y espolvoree con queso parmesano. Sirva inmediatamente.

Rinde alrededor de 2 1/2 tazas

· Sopa de cebolla gratinada ·
a la francesa

Esta reconfortante sopa es una de nuestras favoritas. Sírvala con la Ensalada verde mixta con aderezo de tocino caliente (pág. 56) para una cena suculenta y agradable.

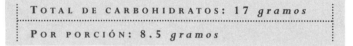

TOTAL DE CARBOHIDRATOS: 17 *gramos*

POR PORCIÓN: 8.5 *gramos*

1 cucharada de aceite de oliva
1 cebolla mediana, rebanada
   finamente
1 lata de 14 onzas de caldo
   de pollo
1 cucharada de salsa inglesa
½ cubo de caldo de res

2 cucharadas de jerez seco
¼ de taza de queso
   parmesano, rallado
sal y pimienta al gusto
2 onzas de queso gruyere,
   rallado
nuez moscada al gusto

• Precaliente la parrilla.

Caliente el aceite en una cacerola grande a fuego medio, sin que se ahúme. Agregue la cebolla y cocine, revolviendo ocasionalmente, durante 10 minutos, o hasta que dore. Aumente el calor a medio-alto y agregue el caldo de pollo, la salsa inglesa, el cubo de caldo de res y el jerez. Deje que suelte el hervor, baje el fuego y cocine a fuego lento durante 3 minutos. Agregue el queso parmesano, la sal y la pimienta y cueza a fuego lento durante otros 3 minutos.

Pase la sopa a dos platos soperos grandes, resistentes al fuego, y coloque encima de cada uno la mitad del queso gruyere. Ponga en la parrilla de 3 a 4 minutos, hasta que el queso se derrita y dore. Espolvoree la sopa con nuez moscada y sirva inmediatamente.

Rinde 2 porciones

• Sopa de espárragos y puerro (poro) •

Ésta es una sopa sencilla en la cual se puede apreciar el sabor de las verduras. Muchas recetas dicen que una sopa como ésta se debe colar, pero prefiero la textura de una versión más sencilla.

> **TOTAL DE CARBOHIDRATOS:**
>
> **16.6 gramos por 3½ tazas**

2 cucharadas de mantequilla
1 puerro (únicamente la parte
    blanca) cortado a la
    mitad a lo largo, bien
    lavado y picado

¾ de libra de espárragos, corta-
    dos en trozos de ½ pulgada
2 tazas de caldo de pollo
⅓ de taza de crema espesa
sal y pimienta al gusto

• Caliente la mantequilla en una cacerola grande a fuego medio-alto hasta que desaparezca la espuma. Agregue el puerro y saltee, revolviendo por 2 minutos. Agregue el espárrago y saltee, revolviendo durante 1 minuto. Agregue el caldo a la sartén y deje que suelte el hervor. Baje el fuego, cubra y cocine a fuego lento de 8 a 10 minutos o hasta que el espárrago esté suave.

Pase la mezcla a un procesador de alimentos. Agregue la crema, la sal y la pimienta, y haga puré durante 1 minuto, o hasta que esté suave. Sirva inmediatamente.

Rinde alrededor de 3½ tazas

• Crema de berro •

Debido a que el berro está cocido ligeramente, le da a esta sopa un sabor picante y fresco. Sírvala como entrada con la Ternera saltimboca (pág. 123).

TOTAL DE CARBOHIDRATOS:
12.6 gramos por 2 tazas

2 cucharadas de mantequilla
⅓ de taza de cebolla picada
1 taza de caldo de pollo
¾ de taza de coliflor picada

2 manojos de berros, sin tallos
⅓ de taza de crema espesa
sal y pimienta al gusto
nuez moscada al gusto

• Caliente la mantequilla en una cacerola grande a fuego medio-alto hasta que desaparezca la espuma. Agregue la cebolla y saltee por 5 minutos, revolviendo ocasionalmente. Agregue el caldo y la coliflor, y deje que suelte el hervor. Baje el fuego, cubra y cocine a fuego lento durante 10 minutos. Apague el fuego y agregue el berro. Cubra y deje reposar durante 5 minutos, revolviendo una sola vez.

Pase la mezcla a un procesador de alimentos. Agregue la crema, la sal, la pimienta y la nuez moscada, y haga puré durante 1 minuto o hasta que esté suave. Sirva caliente o fría.

Rinde 2 tazas

• Sopa de aguacate •

Sencilla y delicada, esta cremosa sopa hace una entrada sublime para el Costillar de cordero con colecitas de Bruselas (pág.119).

> **TOTAL DE CARBOHIDRATOS:**
>
> *14.2 gramos por 2 tazas*

1 cucharada de mantequilla	1 aguacate Haas, pelado,
1 cebollita picada	deshuesado y salpicado
(únicamente la parte	con jugo de limón
blanca)	1/3 de taza de crema espesa
1 1/2 tazas de caldo de pollo	sal y pimienta al gusto

• Caliente la mantequilla en una sartén a fuego medio hasta que desaparezca la espuma. Agregue la cebollita y cocine, revolviendo ocasionalmente, durante 2 minutos, o hasta que esté suave. Agregue 1 taza del caldo y deje que suelte el hervor, luego baje el fuego y cocine a fuego lento durante 3 minutos.

Mientras tanto, licúe el aguacate, la crema y la 1/2 taza restante del caldo de pollo en un procesador de alimentos hasta que esté suave. Agregue la mezcla de aguacate a la sartén y cocine a fuego medio, revolviendo ocasionalmente durante 2 minutos. Sazone con sal y pimienta, y sirva.

Rinde alrededor de 2 tazas

· Sopa de queso de Roquefort ·
y tocino

Las sopas de queso son especialmente sabrosas, y ésta resulta más deliciosa con el sabor ahumado del tocino. Si no le gusta el queso de Roquefort, lo puede sustituir por una cantidad igual de queso Cheddar rallado.

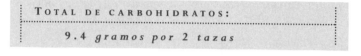

TOTAL DE CARBOHIDRATOS:

9.4 gramos por 2 tazas

2 cucharadas de mantequilla
1 puerro (únicamente la parte
   blanca) cortado por la
   mitad a lo largo, bien
   lavado y picado
1 taza de champiñones
   rebanados

½ taza de coliflor picada
1½ tazas de caldo de pollo
2½ onzas de queso de
   Roquefort, desmenuzado
6 rebanadas de tocino cocido y
   desmenuzado

• Caliente la mantequilla en una sartén grande a fuego medio hasta que desaparezca la espuma. Agregue el puerro, los champiñones y la coliflor. Tape y cocine, revolviendo ocasionalmente, durante 5 minutos. Agregue el caldo y deje que suelte el hervor. Reduzca el fuego, tape y cocine a fuego lento durante 10 minutos.

Pase la mezcla a un procesador de alimentos. Agregue el queso de Roquefort y haga puré durante 1 minuto o hasta que esté suave. Sirva inmediatamente con el tocino desmenuzado encima.

Rinde alrededor de 2 tazas

Ensaladas

•

Ensalada de naranja Daikon

Ensalada de hinojo con queso parmesano

Ensalada de endibias con nuez de Castilla y queso de
Roquefort

Ensalada de col a la nuez

Ensalada de raíz de apio

Ensalada de col morada con eneldo y queso feta

Ensalada griega

Ensalada verde mixta con aderezo de tocino caliente

Ensalada tibia de espinaca, tocino y piñones

Ensalada de pepino y tomate con mortadela

Ensalada de col y tocino

• Ensalada de naranja Daikon •

El rábano Daikon, que es crujiente y ligero, es un ingrediente perfecto para una ensalada fácil y refrescante. Si no puede encontrar Daikon, lo puede sustituir por jícama para una textura igualmente placentera.

> **TOTAL DE CARBOHIDRATOS: 9.4 gramos**
>
> **POR PORCIÓN: 4.7 gramos**

2 tazas de rábano Daikon, pelado y rebanado, o jícama (se puede encontrar en algunos supermercados)

2 cucharadas de aceite de girasol

1 cucharada de vinagre de vino tinto

1 cucharadita de cáscara de naranja, rallada

sal al gusto

● Coloque el rábano en un recipiente. En otro bata el aceite, el vinagre, la cáscara de naranja y la sal hasta que el aderezo esté bien mezclado. Vierta el aderezo sobre el rábano, revuelva suavemente la ensalada y sirva inmediatamente.

Rinde 2 porciones

• Ensalada de hinojo con queso parmesano •

Ésta es una de mis ensaladas de verano favoritas. Los sabores son puros y frescos, y el queso parmesano le da el toque perfecto. Para una presentación más elegante, use un pelador de verduras para cortar el queso en rebanadas tan delgadas como papel.

TOTAL DE CARBOHIDRATOS: *8.6 gramos*

POR PORCIÓN: *4.3 gramos*

1 cucharada de vinagre de vino blanco
3 cucharadas de aceite de oliva
sal y pimienta al gusto
1 cucharada de eneldo fresco, picado
1 cucharada de perejil fresco, picado
4 bulbos pequeños de hinojo, cortados por la mitad a lo largo, sin el corazón y rebanado en trozos muy delgados
8 trozos de queso parmesano cortados con un pelador de verduras, o 2 cucharadas de queso parmesano, rallado

• Coloque el vinagre, el aceite, la sal, la pimienta, el eneldo y el perejil en un recipiente pequeño. Bata hasta que el aderezo se suavice. Coloque el hinojo en un recipiente grande. Agregue el aderezo y revuelva la ensalada suavemente. Divídala en 2 platos y sirva con el queso.

Rinde 2 porciones

• Ensalada de endibias con nuez •
de Castilla
y queso de Roquefort

La elegante presentación de esta ensalada la hace ideal para comidas especiales. Puede duplicar o triplicar la receta según se necesite.

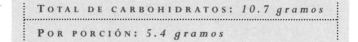

TOTAL DE CARBOHIDRATOS: *10.7 gramos*

POR PORCIÓN: *5.4 gramos*

2 cucharadas de aceite de oliva
1 cucharadita de jugo de
    limón fresco
1 cucharadita de jugo de
    naranja fresca
1 cucharadita de cáscara de
    naranja, rallada
⅓ taza de queso de Roquefort
    desmenuzado o cualquier
    otro queso fuerte

sal y pimienta al gusto
1 cabeza gruesa de endibia,
    con las hojas separadas,
    bien lavadas y secas
⅓ de taza de nueces de
    Castilla picadas,
    ligeramente tostadas
    (véase Sugerencia en la
    pág. 163)

• Bata el aceite, el jugo de limón, el jugo de naranja, la cáscara de naranja, el queso de Roquefort, la sal y la pimienta en un recipiente pequeño. (Si el queso hace grumos, macérelo con un tenedor). Acomode las hojas de endibias en una bandeja como los rayos de una rueda. Vierta el aderezo de Roquefort sobre las endibias y esparza con la nuez. Sirva inmediatamente.

Rinde 2 porciones

• Ensalada de col a la nuez •

Crujiente y fresca, esta ensalada de germen y nuez es una variante deliciosa de la receta tradicional.

> TOTAL DE CARBOHIDRATOS: *7.5 gramos*
>
> POR PORCIÓN: *3.8 gramos*

½ taza de col picada
½ taza de germen de alfalfa
¼ de taza de nuez picada
¼ de taza de mayonesa
1 cucharada de mayonesa tipo
    Dijon

1 cucharadita de vinagre
    balsámico
sal y pimienta al gusto

• **Combine la col, el germen, la nuez, la mayonesa, la mostaza, el vinagre, la sal y la pimienta en un recipiente grande. Mezcle bien. Sirva inmediatamente.**

Rinde 2 porciones

• Ensalada de raíz de apio •

La raíz de apio tiene un sabor puro y una textura crujiente. Es una verdura que no está disponible todo el año, pero se puede sustituir por una cantidad igual de apio picado. Sirva esta ensalada con el Filete de falda de res con especias (pág. 127).

> TOTAL DE CARBOHIDRATOS: *8.7 gramos*
>
> POR PORCIÓN: *4.4 gramos*

2 cucharadas de mayonesa
1 cucharadita de mostaza tipo Dijon
2 cucharaditas de vinagre balsámico

sal y pimienta al gusto,
1 taza de raíz de apio, pelado y cortado grueso
1 cucharada de perejil o cilantro fresco, picado

• **Combine la mayonesa, la mostaza, el vinagre, la sal, la pimienta y la raíz de apio en un recipiente y mezcle bien. Rocíe con el cilantro y sirva inmediatamente.**

Rinde 2 porciones

• Ensalada de col morada con • eneldo y queso feta

Una amiga inventó esta colorida ensalada para una comida informal y desde entonces ha sido su platillo más requerido para reuniones informales y días de campo.

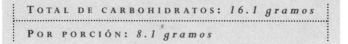

TOTAL DE CARBOHIDRATOS: *16.1 gramos*

POR PORCIÓN: *8.1 gramos*

¼ de taza de aceite de oliva
jugo de ½ limón
1 diente de ajo, picado
sal y pimienta al gusto
1 ½ tazas de col morada picada
¼ de taza de piñones,
     ligeramente tostados

*(véase Sugerencia en
     pág. 163)*
½ taza de queso feta
     desmoronado
⅓ de taza de eneldo fresco
     picado

• Bata el aceite, el jugo de limón, el ajo, la sal y la pimienta en un reci-piente para servir grande. Agregue la col, los piñones, el queso feta y eneldo y revuelva bien. Sirva inmediatamente.

Rinde 2 porciones

• Ensalada griega •

Esta sabrosa ensalada puede ser un delicioso almuerzo o una entrada

TOTAL DE CARBOHIDRATOS: *15.5 gramos*	
POR PORCIÓN: *7.8 gramos*	

1 tomate mediano cortado en
   trozos de 2 pulgadas
1 pepino, pelado, sin semillas
   y rebanado
¼ de cebolla morada rebanada
   finamente
⅓ de taza de queso feta
   desmoronado

2 aceitunas Kalamata,
   cortadas en tiras
   (optativo)
3 cucharadas de aceite
   de oliva
1 cucharada de vinagre
   de vino tinto
sal y pimienta al gusto

• **Combine el tomate, el pepino, la cebolla, el queso feta y las aceitunas en un recipiente. Bata el aceite, el vinagre, la sal y la pimienta en otro. Vierta el aderezo sobre la ensalada y revuelva bien. Sirva inmediatamente.**

Rinde 2 porciones

• Ensalada verde mixta con • aderezo de tocino caliente

El tocino ahumado y el puerro dulce salteado se combinan en un aderezo que se mezcla maravillosamente con verduras surtidas.

> TOTAL DE CARBOHIDRATOS: *12.2 gramos*
>
> POR PORCIÓN: *6.1 gramos*

1 ½ onzas de tocino rebanado, cortado en trozos de 1 pulgada
1 puerro (únicamente la parte blanca), cortado por la mitad a lo largo, bien lavado, y rebanado delgadamente en forma transversal

3 cucharadas de aceite de oliva
1 cucharada de vinagre de vino tinto
sal y pimienta al gusto
5 tazas de lechugas surtidas, cortadas (como bostoniana, romana, morada, etc.) lavadas y secas

• Saltee el tocino en una sartén a fuego medio-alto, revolviendo de 2 a 3 minutos, hasta que se dore. Agregue el puerro a la sartén y saltee, revolviendo, alrededor de 4 minutos. Baje un poco el fuego. Agregue el aceite, el vinagre, la sal y la pimienta, y cocine por un minuto. Coloque las hojas de lechuga en un recipiente, vierta el aderezo sobre ellas y revuelva ligeramente. Sirva inmediatamente.

Rinde 2 porciones

• Ensalada tibia de espinaca, •
tocino y piñones

Le encantará esta variante de la tradicional ensalada de espinaca. La textura de los piñones suaviza el sabor salado del tocino y lo fuerte del vinagre.

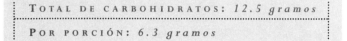

TOTAL DE CARBOHIDRATOS: *12.5 gramos*

POR PORCIÓN: *6.3 gramos*

2 cucharadas de aceite de oliva
4 rebanadas de tocino, cortadas en trozos de ½ pulgada
2 cucharadas de piñones
2 dientes de ajo pequeños, picados

1 libra de hojas de espinacas, bien lavadas y secas
1 cucharada de vinagre balsámico
1 cucharada de queso parmesano, rallado

• Caliente 1 cucharada de aceite en una sartén sobre fuego medio-alto, sin que se ahúme. Agregue el tocino y saltee, revolviendo ocasionalmente, durante 4 minutos, o hasta que dore. Baje el fuego, agregue los piñones y cocine por 1 minuto, revolviendo ocasionalmente. Agregue el ajo y cocine, revolviendo por 30 segundos. Agregue la espinaca, el vinagre y la cucharada restante de aceite; cocine y voltee por 15 segundos, o hasta que la espinaca esté tibia y un poco marchita. Sirva en platos y espolvoree con el queso. Sirva inmediatamente.

Rinde 2 porciones

• Ensalada de pepino y tomate •
con mortadela

Esta sabrosa ensalada con mortadela tiene un maravilloso sabor italiano, pero la puede hacer con cualquier sobrante de carne.

> **TOTAL DE CARBOHIDRATOS: 21.2 gramos**
>
> **POR PORCIÓN: 10.6 gramos**

¼ de taza de aceite de oliva
2 cucharadas de jugo de limón
    fresco
2 cucharadas de perejil picado
2 cucharadas de eneldo picado
2 dientes de ajo, picados
sal y pimienta al gusto

1 taza de mortadela picada
    en cubos
1 taza de pepino picado
    en cubos
⅓ de taza de cebolla picada
1 tomate mediano picado
    en cubos

• Bata el aceite, el jugo de limón, el perejil, el eneldo, el ajo, la sal y la pimienta hasta que estén suaves. Combine la mortadela, el pepino, la cebolla y el tomate en un recipiente. Vierta el aderezo sobre la ensalada, voltee ligeramente y sirva inmediatamente.

Rinde 2 porciones

• Ensalada de col y tocino •

Esta suculenta ensalada es una versión rusa de la ensalada de col. Puede agregar sobrantes de carne o de pollo para crear una ensalada para el almuerzo, que lo dejará satisfecho.

> TOTAL DE CARBOHIDRATOS: *17.2 gramos*
>
> POR PORCIÓN: *8.6 gramos*

¼ de libra de tocino
1 taza de col picada
1 pepinillo agrio, picado
½ de taza de col agria

2 cebollitas (únicamente la
parte blanca) picadas
sal y pimienta al gusto

- Saltee el tocino en una cacerola a calor medio por aproximadamente 5 minutos, hasta que esté crujiente. Retire el tocino de la cacerola y guarde 1 cucharada de grasa de tocino. Macere el tocino. Combine la col, el pepinillo, la col agria, las cebollitas, el tocino macerado, la sal y la pimienta y la grasa de tocino en un recipiente, y revuelva bien. Sirva inmediatamente.

Rinde 2 porciones

Platos principales

•

HUEVOS

MARISCOS

AVES

CERDO

CORDERO

TERNERA

RES

Huevos

•

Huevos escalfados
Huevos revueltos a la mostaza
Huevos al horno con aros de tocino
Huevos al horno con queso gruyere y crema
Frittata de queso ricotta y puerro (poro)
Frittata de salmón ahumado
Kookoo a las hierbas (Frittata a las hierbas)
Huevos Benedict con espinacas
Ensalada de huevo con alcaparras

• Huevos escalfados •

Escalfar es una manera maravillosa de preparar huevos y los huevos de este estilo forman la base de un sinnúmero de platillos clásicos, como los huevos Benedict. La adición del vinagre al agua ayuda a conservar la consistencia de la clara del huevo.

TOTAL DE CARBOHIDRATOS: *0 gramos*

POR PORCIÓN: *0 gramos*

2 cucharadas de vinagre blanco *4 huevos grandes*
1 cucharadita de sal

• Hierva más o menos una pulgado de agua en una sartén profunda y déjela hervir. Agregue el vinagre y la sal, y hierva a fuego lento. Rompa los huevos uno a uno en un recipiente pequeño y vacíelos suavemente en el agua. Escálfelos de 2 a 3 minutos a fuego lento hasta que las claras estén firmes. Retírelos con un cucharón con ranuras. Sirva inmediatamente.

Rinde 2 porciones

• Huevos revueltos a la mostaza •

Al Dr. Atkins le encanta hacer el desayuno los fines de semana y algunas veces prepara combinaciones exóticas muy sabrosas. Ésta es una de sus favoritas. Se acompaña con tocino o salchichas.

> **TOTAL DE CARBOHIDRATOS:** *2.7 gramos*
>
> **POR PORCIÓN:** *1.4 gramos*

4 huevos
1 cucharadita de mostaza en
    polvo
½ cucharadita de orégano seco
    molido

1 cucharada de agua caliente
2 cucharadas de crema agria
2 cucharadas de mantequilla
sal y pimienta al gusto

• Combine los huevos, la mostaza en polvo, el orégano, el agua y la crema agria en un recipiente y bata ligeramente. Caliente la mantequilla en una sartén a fuego medio hasta que desaparezca la espuma. Agregue la mezcla de huevo y cocine, revolviendo, durante unos 4 minutos, hasta que la mezcla tenga una consistencia como de pudín, pero no muy suave. Rocíe con sal y pimienta y sirva inmediatamente.

Rinde 2 porciones

· Huevos al horno con aros de tocino ·

Estos huevos al horno son una entrada perfecta para un *brunch* en esos días de ocio.

> TOTAL DE CARBOHIDRATOS: *7.2 gramos*
>
> POR PORCIÓN: *3.6 gramos*

6 rebanadas de tocino
mantequilla derretida para
   engrasar los recipientes
4 rebanadas de tomate, cada
   una de ½ pulgada de
   grosor

4 huevos
sal y pimienta al gusto
crema agria para acompañar
   (optativo)

● Precaliente el horno a 325°F.

Cocine el tocino alrededor de 3 minutos en una sartén a fuego medio hasta que comience a encogerse. Retire del fuego. Engrase 4 moldecitos para hornear de 5 onzas con la mantequilla derretida. Coloque una rebanada de tomate en el fondo de cada recipiente. Forme un círculo con 1½ rebanadas de tocino. Rompa 1 huevo en cada uno de los recipientes y sazone con sal y pimienta. Llene con agua los recipientes que no use (si es una charola para hacer mantecadas) para que no se quemen. Hornee durante 20 minutos.

Para servir, despegue la orilla de los huevos con una espátula y sírvalos en los platos. Si lo desea, puede colocar un poco de crema agria en cada huevo.

Rinde 2 porciones

• Huevos al horno con queso gruyere • o suizo, y crema

Los huevos al horno, o cocinados en el horno, resultan en platillos individuales maravillosos. Para esta receta se necesitan moldecitos para hornear de 10 onzas, pero si sólo tiene pequeños, utilice un huevo en cada recipiente en vez de dos.

> TOTAL DE CARBOHIDRATOS: *3.2 gramos*
>
> POR PORCIÓN: *1.6 gramos*

2 cucharadas de mantequilla
4 huevos grandes
½ taza de queso gruyere, o suizo, rallado
½ taza de crema espesa,

calentada
sal y pimienta al gusto
trozos de tocino cocinado para adornar

- Precaliente el horno a 350°F.

Engrase 2 moldecitos para hornear grandes (10 onzas) y rompa 2 huevos en cada uno. Cubra cada porción con la mitad del queso y la mitad de la crema espesa calentada, y sazone con sal y pimienta.

Coloque los moldecitos en un recipiente con suficiente agua, que los cubra hasta la mitad. Hornee durante 15 minutos, o hasta que el queso se haya derretido y las claras de huevo estén firmes. Retire los moldecitos del horno y precaliente la parrilla. Colóquelos de 2 a 3 minutos bajo la parrilla o hasta que dore el queso. Sirva inmediatamente con los trozos de tocino encima.

Rinde 2 porciones

• Frittata de queso ricotta •
y puerro (poro)

El poro adquiere un maravilloso sabor dulce al saltearse, que le da un sabor extra a esta frittata. Sirva con una ensalada mixta verde.

> **TOTAL DE CARBOHIDRATOS:** *3.9 gramos*
>
> **POR PORCIÓN:** *2 gramos*

1 cucharada de mantequilla
1 poro (únicamente la parte blanca), cortado por la mitad a lo largo, bien lavado y cortado en trozos de ½ pulgada

1½ cucharadas de queso ricotta de leche entera
sal y pimienta al gusto
4 huevos ligeramente batidos

- Precaliente la parrilla.

Caliente la mitad de la mantequilla en una sartén de 10 pulgadas (preferiblemente antiadherente) a fuego medio-alto hasta que desaparezca la espuma. Agregue el poro y saltee, revolviendo durante 3 minutos. Retire del calor y enfríe.

Añada a los huevos batidos el poro salteado, el queso, la sal y la pimienta, y mezcle bien. Caliente la mantequilla restante en la sartén hasta que desaparezca la espuma. Agregue la mezcla de huevos y cocine, revolviendo, alrededor de 1 minuto, hasta que el huevo empiece a cuajar. Cocine otro minuto (la mezcla de huevo debe estar asentada en el fondo y un poco húmeda en la parte superior).

Coloque la sartén bajo la parrilla alrededor de 2 minutos hasta que dore la frittata. Utilice una espátula y retírela de la sartén con mucho cuidado. Corte en rebanadas y sirva.

Rinde 2 porciones

· Frittata de salmón ahumado ·

Los huevos no son solamente para el desayuno. Esta elegante frittata es perfecta para una cena. Para ocasiones especiales, sírva con crema agria y caviar.

> TOTAL DE CARBOHIDRATOS: .5 gramos
>
> POR PORCIÓN: .3 gramos

4 huevos grandes, ligeramente batidos

1 onza de salmón ahumado en trocitos

1 cucharadita de cebollín fresco, picado

1 cucharada de crema agria

sal y pimienta al gusto

1 cucharada de mantequilla

● Precaliente la parrilla.

Bata juntos los huevos, el salmón, el cebollín, la crema agria, la sal y la pimienta en un recipiente. Caliente la mantequilla en una sartén de 10 pulgadas (preferiblemente antiadherente) a fuego medio hasta que desaparezca la espuma. Vierta la mezcla de huevo y cocine, revolviendo, durante 1 minuto, hasta que el huevo empiece a cuajar. Cocine otro minuto (la mezcla de huevo debe estar asentada en el fondo y un poco húmeda en la parte superior).

Coloque la cacerola en la parrilla y ase alrededor de 2 minutos, hasta que dore la frittata. Utilice una espátula y retírela de la sartén con mucho cuidado. Corte en rebanadas y sirva.

Rinde 2 porciones

· Kookoo a las hierbas ·
(Frittata a las hierbas)

Sin duda alguna estamos completamente locos por esta versión de frittata del Medio Oriente que adaptamos del libro <u>Food of Life</u>, de Najmieh Batmanglij. Los kookoos y las frittatas generalmente se sirven en rebanadas a temperatura ambiente. Si se acompañan con una ensalada esta frittata, se convierte en un platillo principal. Como una variante, utilice una rebanada de kookoo como la "base" de un sandwich de jamón y queso suizo o de una ensalada de pollo. Experimente con sus combinaciones favoritas de sabores. Un kookoo será la solución en muchos casos; no se puede equivocar con un kookoo.

> TOTAL DE CARBOHIDRATOS: *14.2 gramos*
>
> POR PORCIÓN: *7.1 gramos*

½ taza de cebollita picada
(únicamente la parte
blanca)
1 taza de perejil picado
½ taza de eneldo picado
½ taza de cilantro picado
8 huevos grandes

¼ de cucharadita de pimienta
recién molida
½ cucharadita de polvo de
hornear
1 cucharadita de sal
¼ de taza de aceite de oliva o
de canola

* Combine la cebollita, el perejil, el eneldo y el cilantro en un procesador de alimentos y licúe durante 5 segundos. Raspe todo de los lados y agregue los huevos, la pimienta, el polvo de hornear, la sal y 2 cucharadas de aceite. Licúe la mezcla alrededor de 30 segundos o hasta que esté suave.

Caliente el resto del aceite en una sartén a fuego medio, sin que se ahúme. Agregue la mezcla de huevos, tape y cocine a fuego lento por 15 minutos, revolviendo una vez durante los primeros 7 minutos o hasta que se asiente. Corte el kookoo en 4 rebanadas y voltéelas una por una. Cocine por otros 5 minutos. Retire de la sartén y deje enfriar durante 2 minutos. Sirva inmediatamente o guarde en el refrigerador hasta 2 días.

Rinde 2 porciones

• Huevos Benedict con espinacas •

En este platillo se combinan los huevos Benedict y los florentinos. Se puede servir como entrada para un *brunch* o un almuerzo.

TOTAL DE CARBOHIDRATOS: *5.4 gramos*
POR PORCIÓN: *2.7 gramos*

4 rebanadas de tocino canadiense

1 taza de espinacas cocidas y escurridas

4 Huevos escalfados (pág. 64)

¼ de taza de Salsa holandesa fácil y rápida (pág. 171)

2 cucharaditas de perejil picado o eneldo para adornar (optativo)

• Caliente una sartén a fuego medio, sin que se ahúme. Agregue el tocino y cocine 2 minutos de cada lado, o hasta que dore. Divida las espinacas en dos porciones. En la parte superior de cada porción ponga dos rebanadas de tocino y dos huevos. Bañe con salsa holandesa y decore con perejil, si desea. Sirva inmediatamente.

Rinde 2 porciones

Variante: Para un sabor diferente, sustituya el tocino con dos rebanadas delgadas de salmón ahumado.

• Ensalada de huevo con alcaparras •

No puede fallar con esta ensalada de huevo para un almuerzo rápido. Se sirve sobre lechuga fresca.

> TOTAL DE CARBOHIDRATOS: *2.2 gramos*
>
> POR PORCIÓN: *1.1 gramos*

4 huevos cocidos, pelados y
    picados
2 cucharadas de mayonesa
1 cucharadita de mostaza tipo
    Dijon
2 cucharadas de apio picado
1 cucharada de alcaparras
    chicas o alcaparras
    grandes picadas

½ cucharadita de estragón
    fresco picado o ¼ de
    cucharadita de estragón
    seco y desmenuzado
sal y pimienta al gusto

• Combine los huevos, la mayonesa, la mostaza, el apio, las alcaparras, el estragón, la sal y la pimienta en un recipiente y mezcle bien. Sirva o guarde en el refrigerador, bien tapada, hasta 1 día.

Rinde 2 porciones

Mariscos

•

Callos con tomillo

Callos en salsa de crema de jerez

Camarones fritos con jengibre y champiñones

Camarones Scampi

Ensalada de camarones al estragón

Lenguado salteado

Bacalao salteado en salsa de perejil al limón

Huachinango (pargo) con tomate y aceitunas

Salmón escalfado al horno con vino y eneldo

Hamburguesas de salmón

Atún con jengibre y soya

Pimientos rellenos de atún y nuez

Pez espada con pimientos

Calamares con albahaca y lima

Jaibas de concha suave salteadas

Ensalada de jaiba y aguacate

• Callos con tomillo •

El rico y suculento sabor de los callos se complementa con la acidez del limón y el tomillo. Sírvalo con la Ensalada de naranja Daikon (pág. 49).

> **TOTAL DE CARBOHIDRATOS:** *18.5 gramos*
>
> **POR PORCIÓN:** *9.3 gramos*

2 cucharaditas de sal
1 cucharadita de chile piquín
1 libra de callos, enjuagados y secos
3 cucharadas de mantequilla
2 dientes de ajo, picados

2 cebollitas (únicamente la parte blanca) picadas
1 cucharada de tomillo fresco o 1½ cucharaditas de tomillo seco
jugo de ½ limón

• Combine la sal y el chile piquín en un recipiente pequeño. Esparza la mezcla sobre los callos. Caliente la mantequilla en una sartén o un *wok* a fuego medio hasta que esté burbujeante y empiece a dorar. Agregue el ajo y las cebollitas y cocine, revolviendo, durante 30 segundos. Vierta los callos y el tomillo en la cacerola y cocine, volteándolos, alrededor de 4 minutos, o hasta que doren ligeramente. Ponga unas gotas de jugo de limón y sirva inmediatamente.

Rinde 2 porciones

• Callos en salsa de crema de jerez •

Este elegante platillo tiene un distintivo sabor francés. Para una cena perfecta, sírvalo con el Puré de coliflor y champiñon (pág. 140) o con habichuelas (vainitas) al vapor.

> TOTAL DE CARBOHIDRATOS: *18.5 gramos*
>
> POR PORCIÓN: *9.5 gramos*

2 cucharadas de mantequilla
1 libra de callos de bahía,
   enjuagados y secos
2 cucharadas de chalotes
   picados
$^1/_2$ taza de champiñones
   rebanados

$^1/_3$ de taza de jerez seco
2 yemas de huevo
$^1/_2$ taza de crema espesa
sal y pimienta al gusto

• Caliente 1 cucharada de mantequilla en una sartén grande a fuego medio-alto hasta que desaparezca la espuma. Agregue los callos y saltee, revolviendo ocasionalmente, de 3 a 4 minutos, o hasta que opaquen y estén un poco firmes. Retirelos de la cacerola y mantengalos calientes.

Caliente la otra cucharada de mantequilla en la sartén hasta que la espuma desaparezca. Agregue los chalotes y los champiñones, y se saltee durante 2 minutos, revolviendo de vez en cuando. Agregue el jerez y deje que suelte el hervor. Baje el calor y cocine a fuego lento durante 3 minutos, asegurándose de raspar el fondo de la sartén.

Bata las yemas de huevo y la crema en un recipiente pequeño. Incorpore poco a poco la mezcla de huevo con la de champiñones, y añada sal y pimienta. Vuelva a poner los callos en la sartén y báñelos con la salsa. Sirva inmediatamente.

Rinde 2 porciones

· Camarones fritos con ·
jengibre y champiñones

Una cena frita rápida es perfecta para un día entre semana. En esta receta puede sustituir el camarón por una cantidad igual de pechuga de pollo, cortada en tiras.

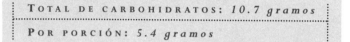

TOTAL DE CARBOHIDRATOS: *10.7 gramos*

POR PORCIÓN: *5.4 gramos*

1 cucharada de aceite de
canola
2 dientes de ajo, picados
1 cucharada de raíz de jengibre
pelada y cortada
½ taza de champiñones
rebanados
½ taza de apio picado

1 cucharada de aceite de
ajonjolí tostado
1 cucharada de salsa de soya
¼ de cucharadita de hojuelas
de chile rojo picante o al
gusto
¾ de libra de camarones, pelados y desvenados

• Caliente el aceite de canola en una sartén grande o en un *wok* a fuego medio-alto, sin que se ahúme. Añada el ajo y el jengibre, y fría moviendo durante 30 segundos. Agregue los champiñones, el apio, el aceite de ajonjolí, la salsa de soya, las hojuelas de pimienta roja y los camarones. Fría de 3 a 4 minutos hasta que los camarones estén rosados y cocinados. Sirva inmediatamente.

Rinde 2 porciones

• Camarones Scampi •

El limón, el vino y el ajo hacen maravillas con el camarón. Este platillo es muy fácil de preparar y siempre es un éxito. Puede duplicar fácilmente la receta cuando tenga invitados.

> TOTAL DE CARBOHIDRATOS: *13.2 gramos*
>
> POR PORCIÓN: *6.6 gramos*

2 cucharadas de mantequilla
2 cucharadas de aceite de oliva
4 dientes de ajo grandes,
    picados
¼ de taza de perejil picado
jugo de ½ limón

½ taza de vino blanco seco
pizca de hojuelas de chile rojo
    picante
sal y pimienta negra al gusto
1 libra de camarones grandes,
    pelados y desvenados

• Caliente la mantequilla y el aceite en una sartén sobre fuego medio hasta que desaparezca la espuma. Agregue el ajo, el perejil, el jugo de limón, el vino, las hojuelas de chile, la sal y la pimienta. Deje que suelte el hervor, baje el fuego y cocine durante 3 minutos a fuego lento. Vierta los camarones en la sartén y cueza, revolviendo frecuentemente, de 5 a 6 minutos, o hasta que estén rosados. Retírelos del fuego. Colóquelos en una bandeja y báñelos con la salsa. Sirva inmediatamente.

Rinde 2 porciones

• Ensalada de camarones al • estragón

Fresca y agradable, esta ensalada de camarones bañada con estragón es un almuerzo ligero perfecto. Sírvala sobre verduras frescas.

> **TOTAL DE CARBOHIDRATOS:** *7.6 gramos*
>
> **POR PORCIÓN:** *3.8 gramos*

½ taza de mayonesa
2 cucharadas de mostaza tipo Dijon
½ cucharadita de Pasta de anchoas (pág. 159) o 1 filete de anchoa enlatado en aceite, macerado
½ cucharada de alcaparras pequeñas o alcaparras grandes picadas

½ cucharada de perejil picado
½ cucharada de estragón fresco picado o ¾ de cucharadita de estragón seco
sal y pimienta al gusto
¾ de libra de camarones medianos cocidos, pelados y desvenados

• Bata la mayonesa, la mostaza, la pasta de anchoa, las alcaparras, el perejil, el estragón, la sal y la pimienta en un recipiente grande. Agregue los camarones y revuelva bien la ensalada. Sirva inmediatamente.

Rinde 2 porciones

· Lenguado salteado ·

Este crujiente lenguado es especialmente bueno al servirse con la Salsa tártara de alcaparras (pág. 169) o la Salsa de acedera (pág. 157).

TOTAL DE CARBOHIDRATOS:

con Empanizado I

(Empanizado de moronas de chicharrón y ajonjolí): 1.8 gramos

con Empanizado II

(Empanizado de ajonjolí y tofu): 5.6 gramos

con Empanizado III

(Empanizado de moronas de chicharrón y tofu): 1.9 gramos

POR PORCIÓN:

con Empanizado I: 0.9 gramos

con Empanizado II: 2.8 gramos

con Empanizado III: 0.9 gramos

1½ libras de filete de lenguado
sal y pimienta al gusto
1 huevo ligeramente batido

¼ de taza de empanizado (I, II o III; vea págs. 190–92)
2 cucharadas de mantequilla
2 cucharadas de aceite de oliva

● Sazone los filetes de lenguado con sal y pimienta. Páselos por el huevo y luego por el empanizado, sacudiendo cualquier exceso. Caliente la mantequilla y el aceite en una sartén a fuego medio-alto hasta que desaparezca la espuma. Saltee el lenguado, en grupos si es necesario (no los amontone en la cacerola), durante 2 minutos por cada lado. Escurra bien los filetes sobre toallas de papel y sirva inmediatamente.

Rinde 2 porciones

· Bacalao salteado en ·
salsa de perejil al limón

El bacalao tiene un sabor y textura muy delicados, así que tiende a desmoronarse al saltearse. No se preocupe mucho por la presentación; el sabor recompensa todo.

> TOTAL DE CARBOHIDRATOS: *6.6 gramos*
>
> POR PORCIÓN: *3.3 gramos*

1 cucharada de mantequilla
1 cucharada de aceite de oliva
3 dientes de ajo, finamente rebanados
½ taza de cebolla picada
1 libra de filete de bacalao
jugo de ½ limón

1½ cucharadas de perejil picado
1 cucharada de tomillo fresco o 1½ cucharaditas de tomillo seco
sal y pimienta al gusto

● Caliente la mantequilla y el aceite en una sartén a fuego medio-alto hasta que desaparezca la espuma. Añada el ajo y saltee, revolviendo durante 5 segundos. Agregue la cebolla y saltee por un minuto. Añada el bacalao y saltee durante 5 minutos, volteando una sola vez (el pescado se desmorona). Agregue el jugo del el limón, perejil, el tomillo, la sal y la pimienta. Cubra la sartén y cocine el pescado alrededor de 2 minutos, hasta que esté opaco y hojaldrado. Sirva inmediatamente.

Rinde 2 porciones

• Huachinango (pargo) con tomate • y aceitunas

Los sabores afrodisíacos de la clásica salsa italiana (tomates, alcaparras, aceitunas negras) se llevan de maravilla con la carne firme del huachinango. Sírvalo con Alubias con vinagreta de ajo y estragón (pág. 143).

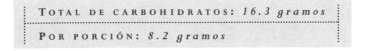

TOTAL DE CARBOHIDRATOS: *16.3 gramos*

POR PORCIÓN: *8.2 gramos*

1 cucharada de aceite de oliva
½ cebolla chica picada
1 diente de ajo, picado
5 aceitunas negras
   deshuesadas y picadas
¾ de taza de tomate picado
2 cucharadas de alcaparras

¼ de taza de vino tinto seco
pizca de hojuelas de chile rojo
   picante (optativo)
2 cucharadas de mantequilla
1½ libras de filete de
   huachinango

• Caliente el aceite en una sartén grande a fuego medio, sin que se ahúme. Añada la cebolla, el ajo y las aceitunas. Cocine, revolviendo ocasionalmente, durante 3 minutos, o hasta que la cebolla esté transparente. Agregue los tomates, las alcaparras, el vino y las hojuelas de chile si las usa. Deje que suelte el hervor, baje el fuego y cocine a fuego lento durante 5 minutos.

Mientras tanto, caliente la mantequilla en otra sartén a fuego medio hasta que desaparezca la espuma. Cocine el huachinango durante 2 minutos por cada lado o hasta que dore ligeramente. Colóquelo en la mezcla de tomate en la otra sartén, tápelo y cocínelo a fuego medio durante 3 minutos, o hasta que casi se desmenuce. Sirva inmediatamente.

Rinde 2 porciones

• Salmón escalfado al horno con •
vino y eneldo

El salmón fresco tiene un sabor muy delicado y escalfarlo en el horno lo mantendrá hidratado y sabroso. Sírvalo caliente con rebanadas de limón, o frío, con la Salsa de pepino y eneldo (pág. 166), la Salsa de apio cremosa (pág. 167) o la Crema de rábano picante (pág. 168).

TOTAL DE CARBOHIDRATOS: 4.6 gramos

POR PORCIÓN: 2.3 gramos

1 libra de filete de salmón
    (de 1 pulgada de grosor)
sal y pimienta al gusto
3 cucharadas de eneldo fresco
    picado

3 cucharadas de jugo fresco
    de limón o lima
3 cucharadas de vino blanco
    seco
1 hoja de laurel

• Precaliente el horno a 350°F. Coloque el filete en dos pliegos de papel de aluminio, dos veces el tamaño del salmón. Sazónelo con sal y pimienta. Levante las orillas del papel y agregue cuidadosamente el eneldo, el jugo de limón, el vino y la hoja de laurel. Doble los lados del papel, creando una especie de cubierta sobre el salmón.

Coloque el salmón envuelto en una lata de hornear durante 20 minutos. Retire del horno y desenvuelva con cuidado la parte superior del papel (el vapor estará muy caliente). Coloque cuidadosamente en los platos, retirando la hoja de laurel. Vierta sobre el pescado el líquido que se encuentre en el papel. Sirva inmediatamente.

Rinde 2 porciones

• Hamburguesas de salmón •

He aquí una gran alternativa para las hamburguesas de res, y usted probablemente tiene en la alacena todos los ingredientes que necesita. Sirva con el Pesto de cilantro y lima (pág. 161) o la Salsa de pepino y eneldo (pág. 166).

TOTAL DE CARBOHIDRATOS:

con Empanizado I

(Empanizado de moronas de chicharrón y ajonjolí): 9.1 gramos

con Empanizado II

(Empanizado de ajonjolí y tofu): 15.2 gramos

con Empanizado III

(Empanizado de moronas de chicharrón y tofu): 9.1 gramos

POR PORCIÓN:

con Empanizado I: 4.6 gramos

con Empanizado II: 7.6 gramos

con Empanizado III: 4.6 gramos

1 lata de 12 onzas de salmón
½ taza de cebolla, finamente picada
3 cucharadas de eneldo picado
2 huevos grandes
⅓ de taza de empanizado (I, II

o III; vea págs. 190–92)
unas gotas de salsa tabasco (optativo)
sal y pimienta al gusto
2 cucharadas de mantequilla
1 cucharada de aceite vegetal

• Combine el salmón, la cebolla, el eneldo, los huevos, el empanizado, la salsa tabasco, si la usa, la sal y pimienta en un recipiente y mezcle bien. Forme 2 hamburguesas, cada una de alrededor de 3 pulgadas de diámetro. Caliente la mantequilla y el aceite en una sartén a fuego medio-alto hasta que desaparezca la espuma. Saltee las hamburguesas, volteándolas una sola vez, de 3 a 4 minutos, o hasta que doren. Sirva inmediatamente.

Rinde 2 porciones

· Atún con jengibre y soya ·

Los sabores asiáticos de la raíz de jengibre y la soya le dan al atún un toque fragante y delicioso. Si no tiene una parrilla, puede prepararlo en una cacerola sobre la estufa, a fuego medio-alto; áselo durante 4 minutos por cada lado.

> TOTAL DE CARBOHIDRATOS: 5.9 gramos
>
> POR PORCIÓN: 3 gramos

1 libra de atún fresco
    (alrededor de 2 pulgadas
    de grosor), cortado en 2
    filetes
3 cucharadas de salsa de soya

⅓ de taza de aceite de oliva
½ taza de vino blanco
1 cucharada de raíz de
    jengibre fresca picada
3 cucharadas de crema espesa

- Precaliente la parrilla.

Coloque el atún en un recipiente de cerámica o de vidrio. En otro recipiente bata la salsa de soya, el aceite, el vino y el jengibre. Vierta la mezcla sobre el atún y deje que se marine, bien tapado, durante 15 minutos en el refrigerador, volteándolo una sola vez. Retire el atún de la marinada, seque con una servilleta de papel y ase durante 4 minutos por cada lado.

Mientras el atún se está asando, vierta la marinada en una sartén y hierva por 5 minutos. Baje el fuego, agregue la crema y cueza a fuego lento durante 1 minuto (no deje que hierva). Ponga el atún en los platos y viértale la salsa. Sirva inmediatamente.

Rinde 2 porciones

· Pimientos rellenos de · atún y nuez

Nunca extrañará el pan con esta versión de ensalada rápida de atún. Para un almuerzo más llenador en el invierno, agréguele queso parmesano rallado encima y hornee durante unos minutos. El resultado es un riquísimo fundido de atún.

TOTAL DE CARBOHIDRATOS: 16.9 gramos

POR PORCIÓN: 8.5 gramos

1 lata de 6 onzas de atún blanco en trozos, escurrido
¼ de taza de nuez picada
½ taza de cebollita picada (únicamente la parte blanca)
jugo de ½ limón
1 cucharada de aceite de oliva
2 cucharadas de mayonesa
½ cucharadita de mostaza tipo Dijon

¼ de cucharadita de pimienta blanca
sal al gusto
1 pimiento, cortado a la mitad y desvenado
1 cucharada de eneldo fresco, picado (optativo)
2 rebanadas delgadas de limón para adornar (optativo)

• Combine el atún, la nuez, la cebollita, el jugo de limón, el aceite, la mayonesa, la mostaza, la pimienta blanca y la sal en un recipiente y mezcle bien. Rellene cada mitad del pimiento con la mezcla de atún. Espolvoree con el eneldo y adorne con la rebanada de limón, si desea. Sirva inmediatamente.

Rinde 2 porciones

• Pez espada con pimientos •

Carnoso y apetitoso, el pez espada es el ingrediente ideal para esta corteza. Sírvalo con Pepinos en salsa de crema (pág. 141).

> TOTAL DE CARBOHIDRATOS: *8.8 gramos*
>
> POR PORCIÓN: *4.4 gramos*

¾ de libra de filete de pez espada (alrededor de 1 pulgada de grosor) cortado en 2 trozos
jugo de ½ lima
1 cucharada de semillas de cilantro molido grueso

2 cucharadas de pimienta negra molida gruesa
¼ de taza de avellanas picadas gruesas
sal al gusto
2 cucharadas de mantequilla, blanda

- Precaliente la parrilla.

Rocíe el pez espada con unas gotas de lima y ase durante 3 minutos por cada lado. Mientras tanto, combine la semilla de cilantro, la pimienta, las avellanas y la sal en un recipiente y mezcle bien. Deje que se enfríe un poco el pescado. Barnice con la mezcla de pimienta por todos lados y ponga un poco de mantequilla. Ase durante 4 minutos, volteando una sola vez. Sirva inmediatamente.

Rinde 2 porciones

• Calamares con albahaca y lima •

La albahaca dulce se mezcla maravillosamente con el sabor ligero, casi almendrado del calamar. Éste se congela bien, así que si no encuentra calamar fresco, el producto congelado también es bueno. Sirva con verduras.

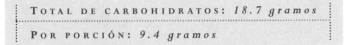

TOTAL DE CARBOHIDRATOS: *18.7 gramos*

POR PORCIÓN: *9.4 gramos*

1 libra de calamares limpios; el cuerpo debe estar cortado en aros de ½ pulgada y los tentáculos a la mitad
½ taza de albahaca fresca picada

2 cucharadas de aceite de oliva
jugo de una lima
1 diente de ajo, picado
¼ de cucharadita de hojuelas de chile rojo picante
1 cucharada de aceite de cacahuate (mani)

• Combine el calamar, la albahaca, el aceite de oliva, el jugo de lima, el ajo y las hojuelas de chile en un recipiente y mezcle bien. Deje que el calamar se marine por lo menos de 20 minutos a 1 hora, bien tapado, en el refrigerador.

Caliente un *wok* o una sartén a fuego medio-alto, hasta que una gota de agua se evapore sobre la superficie, o alrededor de 45 segundos. Vierta el aceite de cacahuate en el *wok*, agregue el calamar y cocine, revolviendo frecuentemente, por 4 minutos, o hasta que esté opaco y tierno. Sirva inmediatamente.

Rinde 2 porciones

Variantes: Puede adaptar fácilmente esta receta para crear una maravillosa ensalada de mariscos. Enfríe el calamar con albahaca y lima durante 30 minutos. Agregue ½ taza de apio picado y ½ de pimiento verde picado. Bata 3 cucharadas de aceite y 1 cucharada de jugo fresco de limón. Rocíe el aderezo sobre la ensalada, revuelva cuidadosamente y sirva.

• Jaibas de concha suave salteadas •

Crujientes y deliciosas, estas jaibas de concha suave sólo necesitan un chorrito de jugo de limón y un poco de Salsa tártara de alcaparras (pág. 169) para convertirse en un suculento platillo de mariscos.

> TOTAL DE CARBOHIDRATOS: *8.5 gramos*
>
> POR PORCIÓN: *1.4 gramos por jaiba preparada*

2 cucharadas de tofu o harina
de soya (disponible en
tiendas naturistas)
2 cucharadas de avellanas
molidas

sal y pimienta al gusto
6 jaibas de concha suave,
limpias y secas
1 cucharada de mantequilla
1 cucharada de aceite de oliva

• Mezcle la harina de tofu, las avellanas molidas, la sal y la pimienta en un plato grande. Espolvoree las jaibas con esta mezcla, quitando el exceso.

Caliente la mantequilla y el aceite en una cacerola grande a fuego medio-alto hasta que desaparezca la espuma. Saltee las jaibas de 4 a 5 minutos de cada lado, o hasta que doren ligeramente. Escurra en toallas de papel y sirva inmediatamente.

Rinde 2 o 3 porciones

• Ensalada de jaiba y aguacate •

La carne dulce de la jaiba y la cremosidad del aguacate se combinan en esta deliciosa ensalada con fragancia de especias.

> **TOTAL DE CARBOHIDRATOS: 12.1 gramos**
>
> **POR PORCIÓN: 6.1 gramos**

$\frac{1}{3}$ de taza de apio picado
$\frac{1}{2}$ libra de pulpa de jaiba
    fresca cocida, congelada
    o enlatada, escurrida
1 cucharada de mayonesa
1 cucharadita de cominos
$\frac{1}{2}$ cucharadita de cúrcuma

1 cucharada de alcaparras
sal y pimienta al gusto
jugo de $\frac{1}{2}$ limón
$\frac{1}{2}$ aguacate Haas, cortado en
    cubos y rociado con unas
    gotas de limón
1 manojo de berro sin tallos

● Combine el apio, la pulpa de jaiba, la mayonesa, el comino, la cúrcuma, las alcaparras, la sal, la pimienta y el jugo de limón en un recipiente grande y mezcle bien. El aguacate se agrega revolviendo suavemente. Divida el berro en dos porciones, coloque encima la ensalada de jaiba y sirva inmediatamente.

Rinde 2 porciones

Aves

•

Milanesas de pollo
Pollo con limón y alcaparras
Pollo al coco con cilantro
Pollo en salsa de ciruela y coco
Pollo con pepino
Pollo con especias de la India
Pollo a la paprika
Pollo a la crema con champiñones
Ensalada de pollo al pesto e hinojo
Ensalada de pollo al curry con pepino
Ensalada de pollo frito con queso Stilton
Codornices en salsa de vino blanco
Pechuga de pato en salsa de vino tinto

• Milanesas de pollo •

Las milanesas de pollo son un alimento rápido y fácil de la cocina básica casera. Sirva la siguiente receta de la manera tradicional con unas gotas de limón, o corte el pollo en tiras y sírvalo con la Ensalada tibia de espinaca, tocino y piñones (pág. 57).

> **TOTAL DE CARBOHIDRATOS:**
>
> con Empanizado I
> *(Empanizado de moronas de chicharrón y ajonjolí): 1.8 gramos*
> con Empanizado II
>
> *(Empanizado de ajonjolí y tofu): 5.6 gramos*
>
> con Empanizado III
>
> *(Empanizado de moronas de chicharrón y tofu): 1.9 gramos*
>
> **POR PORCIÓN:**
>
> con Empanizado I: 0.9 gramos
>
> con Empanizado II: 2.8 gramos
>
> con Empanizado III: 0.9 gramos

2 pechugas de pollo enteras, deshuesadas y partidas por la mitad
1 huevo ligeramente batido
⅓ de taza de empanizado (I, II o III; págs. 190–92)

2 cucharadas de aceite de oliva o canola
2 cucharadas de mantequilla
1 cucharada de perejil picado para adornar

• Pase cada pechuga por el huevo y luego por el empanizado, asegurándose de que la pechuga quede bien cubierta. Sacuda cualquier exceso.

Caliente bien el aceite y la mantequilla en una sartén a fuego medio, sin que se ahúme. Agregue y cocine el pollo, por partes si es necesario, durante 4 minutos de cada lado, o hasta que dore. Coloque las pechugas en una bandeja y espolvoree con perejil. Sirva inmediatamente.

Rinde 2 porciones

• Pollo con limón y alcaparras •

El sabor ácido de las alcaparras es ideal para acompañar el pollo. En este platillo las alcaparras y el limón se suavizan cuando la mantequilla se bate en el líquido, creando una rica salsa.

> TOTAL DE CARBOHIDRATOS: 2.8 gramos
>
> POR PORCIÓN: 1.4 gramos

1 cucharada de aceite de oliva
2 pechugas de pollo enteras,
   deshuesadas y partidas a
   la mitad
⅓ de taza de vino blanco
1 cucharada de jugo de limón

1 cucharada de cáscara de
   limón rallada
1 cucharada de alcaparras
2 cucharadas de mantequilla
   fría cortada en trozos

• Caliente bien el aceite en una sartén a fuego medio, sin que se ahúme. Agregue el pollo y cocine durante 4 minutos de cada lado o hasta que dore. Retire y mantenga caliente.

    Añada el vino, el jugo de limón, la cáscara de limón y las alcaparras a la sartén. Deje que suelte el hervor, baje el fuego y cocine durante 2 minutos, asegurándose de raspar los pedacitos de carne del fondo de la sartén. Agregue la mantequilla batiendo un trozo a la vez, cueza sobre fuego lento durante 1 minuto, o hasta que esté caliente. Vierta la salsa sobre el pollo y sirva inmediatamente.

Rinde 2 porciones

• Pollo al coco con cilantro •

La marinada de agua de coco, un platillo popular tailandés, hace del pollo algo tierno y jugoso. La Salsa de maní (cacahuate) (pág. 165) es el acompañamiento tradicional.

> TOTAL DE CARBOHIDRATOS: 6.9 *gramos*
>
> POR PORCIÓN: 3.5 *gramos*

1 lata de 14 onzas de agua de coco natural. Conserve 1 cucharada si va preparar la salsa de cacahuate
⅓ de taza de cilantro picado
1 cucharadita de pimientos jalapeños frescos, picados
1 diente de ajo pequeño picado
el jugo de ½ lima

sal y pimienta al gusto
2 pechugas enteras deshuesadas, cortadas en tiras de 1 pulgada
10 brochetas de bambú, remojadas en agua durante 30 minutos o
10 brochetas de metal (véase Nota)

* Precaliente la parrilla.

Combine el agua de coco, el cilantro, los jalapeños, el ajo, e jugo de lima, la sal y la pimienta en un recipiente grande y mezcle bien. Agregue el pollo, revolviendo hasta cubrir. Deje que se marine, bien tapado, en el refrigerador por lo menos 20 minutos o hasta 1 hora.

Ensarte 2 tiras de pollo en cada brocheta y ase, volteando una vez, durante 7 minutos, o hasta que el pollo dore ligeramente. Páselo a una bandeja y sirva inmediatamente.

Rinde 2 porciones

Nota: Este platillo también se puede preparar sin las brochetas. Simplemente pase las tiras de pollo marinadas a una charola para asar y siga el mismo procedimiento.

· Pollo en salsa ·
de ciruela y coco

Este exquisito platillo de pollo se caracteriza por una combinación de sabores poco común. Se puede duplicar o triplicar la receta para un exquisito platillo de entrada para fiestas.

> TOTAL DE CARBOHIDRATOS: 19.2 *gramos*
>
> POR PORCIÓN: 9.6 *gramos*

2 cucharadas de mantequilla
2 pechugas enteras,
   deshuesadas y partidas
   por la mitad
1 taza de agua de coco
   natural
1 cucharada de mostaza tipo
   Dijon
1 cucharadita de estragón seco
   o 2 cucharaditas de

estragón fresco picado
sal y pimienta al gusto
1 ciruela pequeña, partida por
   la mitad, deshuesada y
   cortada en rebanadas
   muy delgadas
3 cucharadas de almendras
   partidas, ligeramente
   tostadas (véase Suge-
   rencia en la pág. 163)

• Caliente la mantequilla en una sartén grande y profunda a fuego medio-alto hasta que desaparezca la espuma. Agregue el pollo y saltee alrededor de 3 minutos de cada lado, hasta que dore ligeramente. Vierta el agua de coco en la cacerola. Deje que suelte un hervor ligero, baje el fuego y cocine durante 6 minutos, volteando el pollo varias veces. Añada la mostaza, el estragón, la sal, la pimienta y la ciruela rebanada, asegurándose de bañar el pollo, y cocine a fuego medio durante 3 minutos. Retírelo y añada las almendras. Sirva inmediatamente.

Rinde 2 porciones

· Pollo con pepino ·

Este pollo ligeramente condimentado tiene un sutil sabor que lo hace delicioso para comerse en climas cálidos.

TOTAL DE CARBOHIDRATOS: 7.9 *gramos*
POR PORCIÓN: 4 *gramos*

2 cucharadas de aceite de oliva
1 cucharada de mantequilla
4 muslos de pollo cortados por la mitad
1 pepino mediano pelado, sin semillas y picado

½ cucharadita de cominos molidos
sal y pimienta al gusto
1 diente de ajo, picado
½ taza de caldo de pollo
3 cucharadas de crema agria

● Caliente el aceite y la mantequilla en una sartén a fuego medio hasta que desaparezca la espuma. Agregue el pollo y cocine, volteando frecuentemente durante 10 minutos, hasta que dore. Retírelo de la cacerola.

Coloque el pepino, el comino, la sal, la pimienta y el ajo en la cacerola y cocine durante 2 minutos, revolviendo con fecuencia. Vuelva a colocar el pollo en la sartén y añada el caldo de pollo. Deje que suelte el hervor, baje el fuego y cocine por 5 minutos. Retire del fuego y agregue la crema agria. Sirva inmediatamente.

Rinde 2 porciones

• Pollo con especias de la India •

Al cocinarse a fuego lento en cúrcuma, también conocido como azafrán de la India, las pechugas de pollo adquieren un maravilloso aroma. La cúrcuma se ha venerado durante siglos, no sólo por su sabor sino también por sus propiedades medicinales. Rica en potasio y vitamina C, actúa como un excelente antiinflamatorio, de acuerdo con la medicina tradicional hindú. La adición de la crema agria hace que este platillo sea suave y suculento.

> **TOTAL DE CARBOHIDRATOS: 12.4 gramos**
>
> **POR PORCIÓN: 6.2 gramos**

3 cucharadas de mantequilla
1 pechuga de pollo entera,
  deshuesada cortada en
  tiras
1½ cucharaditas de cominos
1½ cucharaditas de cúrcuma
¼ de cucharadita de hojuelas
  de chile seco (optativo)

4 dientes de ajo, picados
½ taza de caldo de pollo
½ taza de crema agria
1 cucharada de cilantro fresco
  picado o de perejil para
  adornar (optativo)

• Caliente la mantequilla en una cacerola a fuego medio-alto hasta que desaparezca la espuma. Agregue las tiras de pollo y saltee, revolviendo alrededor de 2 minutos, hasta que doren. Añada el comino, la cúrcuma, las hojuelas de chile y el ajo, y saltee la mezcla, revolviendo de vez en cuando durante 2 minutos. Baje el fuego y cocine durante 10 minutos, revolviendo ocasionalmente. Vierta la crema agria poco a poco y cocine a fuego bajo durante 3 minutos o hasta que esté caliente (no deje que hierva). Cologue el pollo con la salsa en una bandeja, adorne con el cilantro o el perejil, si desea, y sirva inmediatamente.

Rinde 2 porciones

• Pollo a la paprika •

La primera vez que hice este platillo el Dr. Atkins fue muy efusivo en sus elogios. Espero que usted reciba halagos similares cuando lo sirva.

> TOTAL DE CARBOHIDRATOS: 20.4 *gramos*
>
> POR PORCIÓN: 10.2-5.1 *gramos*

2 cucharadas de mantequilla
¼ de taza de aceite de oliva
1 taza de cebolla picada
1 pollo (alrededor de 3 libras) cortado en 8 ó 12 presas
1 cucharada de paprika (se encuentra en tiendas especializadas)

sal y pimienta al gusto
¼ de taza de caldo de pollo
¼ de taza de vino blanco
1 yema de huevo grande
½ taza de crema agria

- Caliente la mantequilla y 2 cucharadas de aceite en una sartén a fuego alto hasta que desaparezca la espuma. Agregue la cebolla y saltee, revolviendo por 3 minutos. Añada las presas, con el lado de la piel hacia abajo, y saltee cada lado durante 5 minutos. Revuelva la paprika, la sal y la pimienta y las otras 2 cucharadas de aceite. Cocine alrededor de 2 minutos sin dejar de revolver.

Mientras tanto, deje que el caldo de pollo y el vino suelten el hervor en una cacerola pequeña. Bata la yema de huevo y la crema agria en un recipiente. Agregue lentamente la mezcla de caldo y vino a la de huevo, batiendo hasta que la salsa esté suave. Vierta la salsa sobre el pollo en la sartén, tape bien y cocine a fuego lento durante 10 minutos. Sirva inmediatamente.

Rinde 2 a 4 porciones

• Pollo a la crema con •
champiñones

Platillo reconfortante para esas noches frías, el pollo a la crema es tan bueno solo que nunca extrañará su tradicional acompañante de pan tostado. Saboree hasta la última gota con la cuchara.

> **TOTAL DE CARBOHIDRATOS: 11.6 gramos**
>
> **POR PORCIÓN: 5.8 gramos**

1 pechuga de pollo entera, deshuesada y cortada en trozos de 1 pulgada
1 cucharadita de tomillo fresco o ½ cucharadita de tomillo seco molido
sal y pimienta al gusto
3 cucharadas de mantequilla

1 taza de champiñones rebanados
2 cucharadas de chalotes picados
⅓ de taza de vino blanco seco
⅓ de taza de caldo de pollo
½ taza de crema espesa
2 cucharadas de perejil picado

- Sazone el pollo con el tomillo, la sal y la pimienta. Caliente 2 cucharadas de la mantequilla en una sartén a fuego medio-alto hasta que desaparezca la espuma. Agregue el pollo y saltee alrededor de 3 minutos, hasta que dore ligeramente. Agregue los champiñones, revolviendo ocasionalmente por 2 minutos. Retire la mezcla de pollo y champiñones de la sartén y ponga a un lado.

Agregue la cucharada de mantequilla restante en la sartén y saltee los chalotes, revolviendo de vez en cuando durante 2 minutos. Agregue el vino y el caldo a la sartén. Deje que suelten el hervor, baje el fuego y cocine durante 5 minutos, asegurándose de raspar los pedacitos de carne del fondo de la sartén. Añada la crema y cocine a fuego lento poco a poco durante otros 5 minutos. Vuelva a vertir la mezcla en la sartén, agregue el perejil y cocine a fuego medio durante 2 minutos o hasta que esté caliente. Sirva inmediatamente.

Rinde 2 porciones

• Ensalada de pollo al pesto •
e hinojo

El sabor refrescante del pesto, combinado con el hinojo, que tiene un sabor parecido al orozuz, impregnan esta ensalada de pollo deliciosa y poco común.

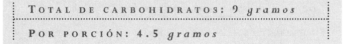

TOTAL DE CARBOHIDRATOS: 9 *gramos*

POR PORCIÓN: 4.5 *gramos*

1 cucharada de mantequilla
2 pechugas de pollo enteras,
    deshuesadas y cortadas
    en tiras de 1 pulgada
el jugo de ½ limón
3 cucharadas de Pesto de
    albahaca (pág. 160)

1 bulbo pequeño de hinojo,
    cortado a la mitad, a lo
    largo, sin semillas y
    rebanado
½ taza de pimiento rojo
    picado
sal y pimienta al gusto

• Caliente la mantequilla en una sartén a fuego medio-alto hasta que desaparezca la espuma. Agregue el pollo, salpique con el jugo del limón y saltee, volteando frecuentemente durante 5 minutos, hasta que dore. Añada 2 cucharadas de pesto, bañando todo el pollo.

Coloque el pollo en un recipiente grande para servir. Agregue el hinojo, pimiento rojo, la sal, la pimienta y lo que quedó del pesto, y revuelva bien la ensalada. Sirva inmediatamente o guarde tapada en el refrigerador hasta 1 día.

Rinde 2 porciones

· Ensalada de pollo al curry · con pepino

El sabor dulce y picante del curry en polvo contrasta con la frescura del pepino en esta aromática ensalada. Una pizca de canela le da un toque fascinante.

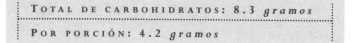

TOTAL DE CARBOHIDRATOS: 8.3 gramos

POR PORCIÓN: 4.2 gramos

½ taza de mayonesa
1 cucharadita de curry en polvo
½ cucharadita de canela
1 cucharada de cebolla rallada
1 cucharada de perejil picado
1 cucharadita de vinagre balsámico

sal y pimienta al gusto
2 tazas de pollo cocido, picado en cubos
½ taza de apio picado
½ taza de pepino, pelado y picado, sin semillas

● Bata juntos la mayonesa, el curry en polvo, la canela, la cebolla, el perejil, el vinagre, la sal y la pimienta en un recipiente grande. Agregue el pollo, el apio y el pepino, y revuelva bien la ensalada. Sirva inmediatamente o guarde tapada en el refrigerador hasta 1 día.

Rinde 2 porciones

· Ensalada de pollo frito ·
con queso Stilton

El suave queso stilton de vena azul y el crujiente pollo frito forman una incomparable combinación de sabor. Bañe con la Vinagreta de mostaza y nuez (pág. 177) o con la Vinagreta de chalotes y naranja (pág. 176).

TOTAL DE CARBOHIDRATOS:

con Empanizado I

(Empanizado de moronas de chicharrón y ajonjolí): 11.8 gramos

con Empanizado II

(Empanizado de ajonjolí y tofu): 15.6 gramos

con Empanizado III

(Empanizado de moronas de chicharrón y tofu): 11.9 gramos

POR PORCIÓN:

con Empanizado I: 5.9 gramos

con Empanizado II: 7.8 gramos

con Empanizado III: 6 gramos

1 lechuga romana pequeña, lavada, cortada en trozos y seca
½ taza de queso stilton macerado
3 cebollitas (únicamente la parte blanca) picadas
¼ de taza de aceite de canola

1 pechuga de pollo entera, deshuesada y cortada a lo largo en 6 tiras
1 huevo grande ligeramente batido
¼ de taza de empanizado (I, II o III; págs. 190–92)

• Divida la lechuga en dos platos. Coloque encima de cada porción la mitad del queso y la mitad de las cebollitas.

Caliente bien el aceite en una sartén a fuego medio, sin que se ahúme. Pase las tiras de pollo por el huevo y luego por el empanizado. Quite el exceso. Fría el pollo alrededor de 5 minutos o hasta que dore. Póngalo sobre toallas de papel y deje escurrir 1 minuto. Córtelo en trozos y divídalo en los platos de ensalada. Sirva bañado con la vinagreta.

Rinde 2 porciones

· Codornices en salsa de ·
vino blanco

Como platillo para ocasiones especiales, estas suculentas codornices no tienen igual. Se sirven con las Verduras mixtas (pág.
151).

> TOTAL DE CARBOHIDRATOS: 2 *gramos*
>
> POR PORCIÓN: 1 *gramo*

3 cucharadas de mantequilla   ⅓ de taza de caldo de pollo
2 codornices, en cuartos   sal y pimienta al gusto
¼ de taza de vino blanco seco
el jugo de ½ lima

● Caliente la mantequilla en una cacerola o en una estufa holandesa a fuego alto hasta que desaparezca la espuma. Agregue las
codornices y cocine durante 5 minutos de cada lado. Añada el
vino, el jugo de lima, el caldo de pollo, la sal y la pimienta y, deje
que suelten el hervor. Cubra parcialmente la cacerola y cocine a
fuego medio durante 15 minutos, o hasta que estén cocidas las
codornices. Sirva inmediatamente.

Rinde 2 porciones

• Pechuga de pato en salsa de • vino tinto

El pato rebanado, bañado con salsa de vino tinto, es un suculento platillo principal para una cena formal. La receta puede duplicarse o triplicarse, de acuerdo con el número de invitados. Sirva con las Habichuelas verdes (vainitas) con salsa de anchoas (pág. 145).

> **TOTAL DE CARBOHIDRATOS: 13 *gramos***
>
> **POR PORCIÓN: 6.5 *gramos***

1 pechuga de pato entera, deshuesada
1 cucharada de mantequilla
1 chalote grande picado
$^{1}/_{2}$ taza de vino tinto seco
1 cucharada de vinagre balsámico

1 cucharada de salsa de soya
1 cucharada de salsa inglesa
1 cubo de caldo de res
$^{1}/_{4}$ de taza de crema espesa

• Pique el pato con un tenedor. Caliente una sartén antiadherente a fuego medio-alto. Coloque el pato con la piel hacia abajo en la sartén y cocine de 8 a 10 minutos, o hasta que la piel esté crujiente y dorada. Voltéelo y cocine por otros 5 minutos. Retírelo de la sartén y consérvelo caliente.

Caliente la mantequilla en una sartén a fuego medio hasta que desaparezca la espuma. Agregue el chalote picado y cocine por un minuto hasta que dore un poco. Añada el vino, el vinagre, la salsa de soya, la salsa inglesa y el cubo de caldo de res. Deje que suelten el hervor, baje el fuego y cocine por 5 minutos. Agregue la crema y cocine a fuego medio, revolviendo ocasionalmente, durante 2 minutos, o hasta que la salsa se caliente (no deje que hierva). Corte el pato en rebanadas delgadas, acomódelas en 2 platos y báñelas con la salsa. Sirva inmediatamente.

Rinde 2 porciones

Cerdo

•

Cerdo frito con castañas de agua

Cerdo con corteza de mostaza

Chuletas de cerdo con naranja y romero

Cerdo con salsa de chile

Cacerola de cerdo con tomate y champiñones

Medallones de filete de cerdo con crema agria y eneldo

Albóndigas al ajillo y eneldo

Costillas a la barbacoa

Emparedados de jamón y queso frito

Bistec de jamón en salsa de vermut con chalotes

Jamón a la crema en salsa de oporto

· Cerdo frito con ·
castañas de agua

Las crujientes castañas agregan una maravillosa textura a este platillo frito con un delicioso sabor asiático.

> TOTAL DE CARBOHIDRATOS: *14.2 gramos*
>
> POR PORCIÓN: *7.1 gramos*

1 libra de lomo de cerdo
2 cucharadas de aceite de
   canola
$\frac{1}{2}$ taza de cebolla picada
$\frac{1}{2}$ cucharada de jengibre,
   pelado y picado
3 dientes de ajo, picados
$\frac{1}{3}$ de taza de castañas de agua
   rebanadas

$\frac{1}{2}$ taza de champiñones
   rebanados
1 cucharada de vino blanco
   seco
sal y pimienta al gusto
1 cucharada de aceite de
   ajonjolí tostado
1 cucharada de salsa de soya

● Corte el lomo en rebanadas de $\frac{1}{4}$ de pulgada y luego en tiras. Caliente el aceite de canola en una cacerola grande o en un *wok* a fuego moderado, sin que se ahúme. Añada el cerdo y fría, revolviendo de 3 a 4 minutos o hasta que éste empiece a dorar. Agregue la cebolla, el jengibre y el ajo, y fría y revuelva durante 1 minuto. Añada las castañas y los champiñones y fría, revolviendo durante 2 minutos. Añada el vino, la sal, la pimienta, el aceite de ajonjolí y la salsa de soya, y fría y revuelva por 2 minutos. Sirva inmediatamente.

Rinde 2 porciones

• Cerdo con corteza de mostaza •

La harina de tofu es una maravillosa alternativa para enharinar sus alimentos. También proporciona las ventajas de salud de la soya sin los peligros nutritivos de la harina blanca sobreprocesada y blanqueada. Sirva con la Crema de rábano picante (pág. 168).

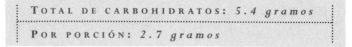

TOTAL DE CARBOHIDRATOS: 5.4 gramos

POR PORCIÓN: 2.7 gramos

2 cucharadas de harina de tofu o harina de soya (se puede encontrar en tiendas naturistas)
1 cucharada de mostaza en polvo
½ cucharadita de pimienta blanca

¼ de taza de aceite de oliva
1 libra de chuletas de cerdo de centro, sin hueso, en tres tiras (alrededor de ⅜ de pulgada de grosor)
sal al gusto

• Combine la harina de tofu, la mostaza en polvo y la pimienta en un recipiente y mezcle bien. Enharine el cerdo con la mezcla. Caliente 2 cucharadas de aceite en una cacerola a fuego medio, sin que se ahúme. Agregue la mitad del cerdo (no llene demasiado la cacerola) y dore durante 5 minutos por cada lado, o hasta que esté bien cocido. Repita el proceso con el cerdo y el aceite restantes. Espolvoree el cerdo con sal y sirva inmediatamente.

Rinde 2 porciones

• Chuletas de cerdo con naranja •
y romero

En esta receta, la naranja y la mostaza resaltan el sabor de las chuletas. La salsa es tan dulce y ácida que usted nunca extrañará el tradicional puré de manzana.

TOTAL DE CARBOHIDRATOS: *10.2 gramos*

POR PORCIÓN: *5.1 gramos*

2 chuletas de cerdo de centro
   (cada una de ¾ de
   pulgada de grosor)
sal y pimienta al gusto
harina de soya, harina de tofu
   o suero proteinado (todos
   disponibles en tiendas
   naturistas) para empa-
   nizar las chuletas
2 cucharadas de mantequilla,
   más 1 cucharadita de
   mantequilla
3 cucharadas de chalotes
   picados

⅓ de taza de vino blanco seco
1 cucharadita de puré de tomate
1 cucharadita de salsa inglesa
1 cucharada de cáscara de
   naranja rallada
1 cucharadita de mostaza tipo
   Dijon
¾ de cucharadita de romero
   seco y molido o 1½
   cucharaditas de romero
   fresco picado

● Sazone las chuletas con la sal y la pimienta y enharine ligeramente con la harina de soya, quitando el exceso. Caliente 2 cucharadas de la mantequilla en una sartén a fuego medio-alto hasta que desaparezca la espuma, y saltee las chuletas durante 5 minutos de cada lado. Colóquelas en platos y manténgalas calientes.

   Caliente la cucharadita restante de mantequilla hasta que desaparezca la espuma y saltee los chalotes durante 30 segundos, o hasta que se suavicen. Vierta el vino, el puré de tomate, la salsa inglesa, la cáscara de naranja, la mostaza y el romero en la sartén. Deje que suelten el hervor, baje el fuego y cocine la salsa durante 2 minutos, asagurándose de raspar los pedacitos de carne del fondo de la sartén. Bañe las chuletas con la salsa y sirva inmediatamente.

Rinde 2 porciones

· Cerdo con salsa de chile ·

El chile serrano le da a este platillo un maravilloso sabor del suroeste. Puede usar res en lugar de cerdo para lograr una deliciosa variedad.

> TOTAL DE CARBOHIDRATOS: *17.5 gramos*
>
> POR PORCIÓN: *8.7 gramos*

1 cebollita (incluyendo ¾ partes de la sección verde) picada
3 dientes de ajo
⅓ de taza de pimiento verde picado
⅓ de taza de tomatillos frescos o enlatados picados (se pueden encontrar en tiendas especialidzadas) o tomates rojos o verdes

1 chile serrano o jalapeño, con semillas y picado
½ taza de caldo de res
1 cucharada de jugo fresco de lima
2 cucharadas de jerez seco
1½ libras de lomo de cerdo, cortado en cubos
1 cucharada de paprika
3 cucharadas de aceite de oliva

- Precaliente la parrilla.

Combine la cebollita, el ajo, el pimiento verde, los tomatillos, el chile, el caldo de res, el jugo de lima y el jerez en un procesador de alimentos y procese un minuto, o hasta que esté bien mezclado. Pase la mezcla a una sartén, deje que suelte el hervor, baje el fuego y cocine durante 10 minutos.

Mientras tanto, coloque el lomo en una charola para asar, espolvoree con paprika y aceite y ase de 8 a 10 minutos, volteándolo para que dore de todos lados. Colóquelo lomo en una bandeja y báñelo con la salsa de chile. Sirva inmediatamente.

Rinde 2 porciones

• Cacerola de cerdo con tomate •
y champiñones

No tiene que esperar horas para saborear esta deliciosa cacerola, enriquecida con una sabrosa salsa de tomate y champiñones. Se sirve con las Espinacas salteadas con ajo y aceite de oliva (pág. 148).

> TOTAL DE CARBOHIDRATOS: 21.8 gramos
>
> POR PORCIÓN: 10.9 gramos

2cucharadas de aceite de oliva
4 chuletas de cerdo sin hueso,
   de centro, rebanadas en
   3 trozos
1 cebolla mediana picada
2 dientes de ajo, picados
1 tomate mediano picado

$\frac{1}{2}$ taza de champiñones
   rebanados
$\frac{1}{4}$ de taza de caldo de pollo
sal y pimienta al gusto
$\frac{1}{4}$ de taza de aceitunas
   Kalamata o Gaeta
   deshuesadas (optativo)

• Caliente bien el aceite en una sartén grande a fuego moderado, pero sin que se ahúme. Añada los trozos de cerdo y saltee por 3 minutos de cada lado. Agregue la cebolla a la cacerola y salte por otros 3 minutos, revolviendo ocasionalmente. Añada el ajo, el tomate, los champiñones, el caldo de pollo, la sal y la pimienta, y deje que suelten el hervor. Baje el fuego, tape y cocine a fuego lento durante 15 minutos, revolviendo de vez en cuando. Destape, añada las aceitunas, si las usa, y cocine a fuego lento durante otros 5 minutos. Sirva inmediatamente.

Rinde 2 porciones

• Medallones de filete de cerdo •
con crema agria y eneldo

Con la riqueza del cognac y la frescura sorprendente del eneldo, estos maravillosos medallones son un rápido y elegante plato principal para cualquier cena.

> TOTAL DE CARBOHIDRATOS: *4.7 gramos*
>
> POR PORCIÓN: *2.4 gramos*

2 cucharadas de mantequilla
1 libra de filete de cerdo,
   rebanado en 6
   medallones de 1 pulgada
   de grosor
¼ de taza de caldo de pollo

1 cucharada de cognac
1 diente de ajo, picado
¼ de taza de crema agria
½ cucharadita de pimienta
   blanca
eneldo fresco picado

• Caliente la mantequilla en una sartén a fuego medio-alto hasta que desaparezca la espuma. Añada los medallones y saltee por 5 minutos por cada lado, o hasta que doren. Retire el cerdo de la cacerola y consérvelo caliente. Vierta el caldo de pollo, el cognac y el ajo en la sartén, asegurándose de raspar los pedacitos de carne del fondo de la sartén. Reduzca el líquido durante 2 a 3 minutos. Retire la sartén del fuego y agregue muy lentamente la crema agria, una cucharada a la vez.

    Coloque el cerdo de nuevo en la sartén, con el líquido que se haya acumulado en el plato. Cocínelo a fuego moderado de 2 a 3 minutos. Colóquelo en una bandeja, báñelo con la salsa y espolvoree con la pimienta y el eneldo. Sirva inmediatamente.

Rinde 2 porciones

• Albóndigas al ajillo y eneldo •

Desde la primera vez que preparé este platillo para una fiesta me han solicitado que lo repita. Puede servir las albóndigas en un palillo como botana o sobre una capa de Salsa de champiñones cremosa (pág. 170) como una entrada o platillo principal. Puede duplicar o triplicar la receta según se necesite.

> TOTAL DE CARBOHIDRATOS: *12.2 gramos*
>
> POR PORCIÓN: *1 gramo*

1 libra de pollo molido
½ libra de carne de cerdo
   molida
1 cebolla pequeña, finamente
   picada
½ taza de moronas de
   chicharrón molido
   (optativo)

1 huevo grande
2 dientes de ajo, picados
2 cucharadas de eneldo fresco
   picado
sal y pimienta al gusto
2 cucharadas de aceite de
   canola

• Precaliente el horno a 375°F.

Combine la carne de pollo y cerdo, la cebolla, las moronas de chicharrón, si las usa, el huevo, el ajo, el eneldo, la sal y la pimienta en un recipiente y mezcle bien. Divida la mezcla en 12 albóndigas de 2 pulgadas.

Caliente el aceite en una sartén que se pueda meter al horno a fuego medio-alto, sin que se ahúme. Dore las albóndigas, volteándolas durante 6 minutos. Pase la sartén al horno y hornéelas tapadas durante 15 minutos. Sirva inmediatamente.

Rinde alrededor de 12 albóndigas

• Costillas a la barbacoa •

Las costillas son uno de mis "vicios" preferidos de la dieta Atkins.
He creado una versión rápida que usted puede preparar aun después de un día ajetreado en el trabajo.

> **TOTAL DE CARBOHIDRATOS:** *2 gramos*
>
> **POR PORCIÓN:** *1 gramo*

3 libras de costilla
2 hojas de laurel
2 cucharadas de granos de
   pimienta entera
3 cucharadas de mantequilla
   suave

1 cucharada de salsa de
   tomate sin azúcar (se
   puede encontrar en
   tiendas especializadas)
2 cucharaditas de salsa
   tabasco

• Precaliente el asador.

Coloque las costillas en una cacerola grande. Cubra de agua y
añada las hojas de laurel y los granos de pimienta. Deje que suelten el hervor, baje el fuego, tape y cocine a fuego lento durante 20
minutos.

Mientras tanto, combine la mantequilla, salsa de tomate y la
salsa tabasco en un recipiente pequeño. Escurra bien las costillas.
Úntelas bien con la mezcla de mantequilla y áselas de 2 a 3 minutos por cada lado, o hasta que doren y estén crujientes. Sirva inmediatamente.

Rinde 2 porciones

• Emparedados de jamón • y queso frito

Estos emparedados fritos son fáciles y entretenidos de preparar. Sirva con el Pesto de cilantro y lima (pág. 161) como condimento.

TOTAL DE CARBOHIDRATOS:

con Empanizado I

(Empanizado de moronas de chicharrón y ajonjolí): 3.4 gramos

con Empanizado II

(Empanizado de ajonjolí y tofu): 7.2 gramos

con Empanizado III

(Empanizado de moronas de chicharrón y tofu): 3.5 gramos

POR PORCIÓN:

con Empanizado I: 1.7 gramos

con Empanizado II: 3.6 gramos

con Empanizado III: 1.8 gramos

⅓ de taza de empanizado (I, II o III; véanse las págs. 190–92)
sal y pimienta al gusto
1 pechuga entera de pollo, deshuesada, sin piel y cortada por la mitad
2 rebanadas de queso gruyere, o suizo
2 rebanadas delgadas de jamón cocido u horneado
2 huevos ligeramente batidos
2 cucharadas de aceite de oliva

• Vierta la harina en un plato y sazónela con sal y pimienta.
Aplane el pollo hasta que quede muy delgado, alrededor de ⅛ de pulgada de grosor. Coloque una rebanada de queso y una de jamón en cada pieza de pollo. Doble el pollo por la mitad para que forme una media luna. Páselo por el huevo y luego por la harina, quitando el exceso.

Caliente bien el aceite en una sartén a fuego medio-alto, sin que se ahúme. Agregue el pollo y cocine de 4 a 5 minutos por cada lado, o hasta que dore. Sirva inmediatamente.

Rinde 2 porciones

· Bistec de jamón en salsa · de vermut con chalotes

El bistec de jamón precocido sirve como una cena rápida y perfecta. Trate de encontrar jamón bajo en sal para un mejor sabor.

> TOTAL DE CARBOHIDRATOS: *11.9 gramos*
>
> POR PORCIÓN: *5.9 gramos*

1 cucharada de mantequilla
1 libra de bistec de jamón
  precocido
4 chalotes picados
3 clavos enteros

2 cucharadas de vermut seco
1 cucharada de cognac
1 cucharada de vinagre
  balsámico

- Caliente la mantequilla en una sartén a fuego medio hasta que desaparezca la espuma. Agregue el jamón, los chalotes y los clavos, dejando los chalotes en un lado de la cacerola. Cocine el jamón, revolviendo frecuentemente los chalotes, durante 3 minutos por cada lado. Coloque el jamón en una bandeja y conserve caliente.

Vierta el vermut, el cognac y el vinagre en la sartén. Deje que suelten el hervor, asegurándose de raspar los pedacitos de carne del fondo de la sartén. Baje el fuego y cocine a fuego lento durante 1 minuto. Vierta la salsa sobre el jamón y sirva inmediatamente.

Rinde 2 porciones

· Jamón a la crema ·
en salsa de oporto

Le sorprenderá lo fácil que es adornar filetes de jamón precocidos con esta rica salsa de oporto. Puede utilizar jamón que le haya sobrado y tendrá excelentes resultados.

> TOTAL DE CARBOHIDRATOS: *14.2 gramos*
>
> POR PORCIÓN: *7.1 gramos*

1 cucharada de mantequilla
3 cucharadas de chalotes
    picados
⅓ de taza de vino blanco seco
3 cucharadas de oporto
1 libra de jamón cocido bajo
    en sal

1 cucharadita de puré de
    tomate
½ taza de crema espesa
sal y pimienta al gusto

• Caliente la mantequilla en una sartén a fuego hasta que desaparezca la espuma. Agregue los chalotes y cocine alrededor de 2 minutos hasta que estén transparentes. Vierta el vino blanco, el oporto y el jamón en la sartén. Deje que suelten el hervor, baje el fuego y cocine durante 3 minutos. Retire el jamón y conserve caliente.

    Bata el puré de tomate y crema en la sartén y deje que dé un ligero hervor, y cocine a fuego lento por 4 minutos, hasta que espese un poco. Sazone con sal y pimienta. Pase el jamón a una bandeja y báñelo con la salsa. Sirva inmediatamente.

Rinde 2 porciones

Cordero

•

Chuletas de cordero marinadas a la parrilla

Cordero con limón y romero a la parrilla

Costillar de cordero con colecitas de Bruselas

Cocido de cordero con cominos y limón

Cordero con col

· Chuletas de cordero ·
marinadas a la parrilla

Sencillas y deliciosas, estas chuletas de cordero revientan con el sabor picante de la marinada, que también les da un acabado glaseado y crujiente. Sirva con el Puré de pimiento morrón (pág. 158).

> TOTAL DE CARBOHIDRATOS: 2.7 gramos
>
> POR PORCIÓN: 1.4 gramos

2 cucharadas de aceite de oliva
1 cucharada de salsa inglesa
2 cucharadas de jugo de lima
2 cucharadas de salsa de soya
2 cucharadas de vino blanco
seco

3 dientes de ajo picados
sal y pimienta al gusto
1 libra de chuletas de cordero
(alrededor de ¾ de
pulgada de grosor)

- Precaliente la parrilla.

Bata el aceite, la salsa inglesa, el jugo de lima, la salsa de soya, el vino, el ajo, la sal y la pimienta en un recipiente grande. Agregue las chuletas y déjelas marinar bien tapadas en el refrigerador de 15 minutos a 1 hora.

Retire las chuletas de la marinada y séquelas. Áselas durante 4 minutos por cada lado, para término medio, o hasta que queden a su gusto. Sirva inmediatamente.

Rinde 2 porciones

• Cordero con limón y romero •
a la parrilla

El cordero es uno de los platillos favoritos del Dr. Atkins, y esta versión no podría ser más sencilla. La marinada cubre cada parte del cordero, haciéndolo suculento y dándole mucho sabor. Si no tiene una parrilla, puede cocinarlo en un hornillo.

> **TOTAL DE CARBOHIDRATOS: 7.7 gramos**
>
> **POR PORCIÓN: 3.8 gramos**

5 cucharadas de jugo de limón fresco
½ taza de aceite de oliva
1 cucharada de romero fresco o 1½ cucharaditas de romero seco

1 diente de ajo, picado
2 cucharaditas de cáscara de limón rallada
1 libra de chuleta de cordero sin hueso, cortado en cubos de 1 pulgada

• Precaliente la parrilla o el hornillo.

Bata el jugo de limón, el aceite, el romero, el ajo y la cáscara de limón en un recipiente. Añada el cordero y revuelva ligeramente, asegurándose de que cada pieza quede bien bañada. Tape y guarde en el refrigerador de 10 a 15 minutos. Coloque el cordero en brochetas y ase, volteando una vez, 12 minutos para término medio. Sirva inmediatamente.

Rinde 2 porciones

· Costillar de cordero con ·
colecitas de Bruselas

Un costillar de cordero es un fantástico platillo principal para una ocasión especial. Puede duplicar o triplicar la receta para una cena elegante.

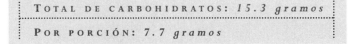

TOTAL DE CARBOHIDRATOS: *15.3 gramos*

POR PORCIÓN: *7.7 gramos*

1 taza de colecitas de Bruselas
  frescas sin tallos,
  cortadas en cuartos
1 cucharada de aceite de oliva
1 cucharada de cilantro
1 cucharada de romero fresco
  o 1 ½ cucharaditas de
  romero molido
2 cucharadas de grano de
  pimienta

2 dientes de ajo
1 libra de costillar de cordero
  (alrededor de 6 costillas),
  cortadas a la mitad
1 cucharada de mostaza tipo
  Dijon
sal al gusto

- Precaliente el horno a 425°F.

Ponga las colecitas de Bruselas en una charola para asar y rocíelas con el aceite. Coloque el cilantro, el romero, los granos de pimienta y el ajo en un procesador de alimentos y procese por 10 segundos. Unte el cordero con la mostaza y luego con la mezcla de pimienta cubriéndolo bien, y espolvoree con sal. Coloque el cordero encima de las colecitas en la charola y áselas por 25 minutos para un término crudo y de 30 a 35 minutos para un término medio. Sirva inmediatamente.

Rinde 2 porciones

• Cocido de cordero con • cominos y limón

Cuando el cordero se cuece a fuego lento con especias se impregna de sabor. Este platillo se hace con pescuezo de cordero, un corte muy económico pero muy tierno. El cordero sólo requiere 30 minutos de cocción, pero si dispone del tiempo lo puede cocer a fuego lento hasta una hora para un mejor sabor. Se sirve con el Pesto de menta y cominos (pág. 162) como condimento.

> TOTAL DE CARBOHIDRATOS: *14.8 gramos*
>
> POR PORCIÓN: *7.4 gramos*

1 cucharada de aceite de oliva
2 libras de pescuezo de
    cordero, cortado en
    piezas de 2 pulgadas o
    1½ libras de espaldilla
    de cordero, cortado en
    cubos de 1 pulgada
2 cucharadas de harina de
    tofu o soya (disponible
    en tiendas naturistas)

1 cucharadita de comino molido
1 cucharadita de cúrcuma
    molida
2 cucharaditas de cilantro
    molido
3 dientes de ajo, picados
½ taza de caldo de pollo
el jugo de 1 limón
¼ de taza de crema agria
sal al gusto

• Caliente el aceite en una cacerola grande a fuego medio-alto, sin que se ahúme. Enharine el cordero y saltee de 3 a 4 minutos de cada lado, o hasta que dore. Agregue el comino, la cúrcuma, el cilantro, el ajo, el caldo de pollo y el jugo de limón. Tape la cacerola y cocine a fuego lento durante 30 minutos. Añada la crema agria y la sal durante los últimos 5 minutos de cocción. Sirva inmediatamente.

Rinde 2 porciones

• Cordero con col •

La col se vuelve muy dulce al cocerla a fuego lento. En este platillo le da un maravilloso sabor al cordero.

> **TOTAL DE CARBOHIDRATOS: 20.5 gramos**
>
> **POR PORCIÓN: 10.3 gramos**

2 cucharadas de aceite de oliva
1 cucharada de mantequilla
1 ½ libras de espaldilla de
   cordero, cortada en 2 ó
   3 piezas
1 cucharada de paprika
½ cabeza de col, rebanada
   finamente

½ taza de cebolla picada
3 dientes de ajo picados
¼ de taza de vino blanco seco
2 cucharadas de crema espesa
sal y pimienta al gusto

• Caliente el aceite y la mantequilla en una sartén grande a fuego medio hasta que desaparezca la espuma. Añada el cordero y la paprika, y dórelo alrededor de 8 minutos. Retírelo de la sartén.

Coloque la col, la cebolla y el ajo en la sartén y cocine durante 2 minutos, revolviendo ocasionalmente. Coloque el cordero encima de la mezcla de col, y cocine a fuego lento durante 5 minutos. Añada la crema, la sal y la pimienta y cocine sin tapar por otros 2 minutos. Sirva inmediatamente.

Rinde 2 porciones

Ternera

•

Ternera saltimboca
Escalopas de ternera al vino y champiñones
Ternera rellena de jamón, queso gruyere y tocino

• Ternera saltimboca •

Aquí le brindamos un clásico italiano que es fácil de preparar y tiene una hermosa presentación.

> TOTAL DE CARBOHIDRATOS: *8.4 gramos*
>
> POR PORCIÓN: *4.2 gramos*

½ libra de escalopas de ternera, aplanadas a un grosor de ⅛ de pulgada
sal y pimienta al gusto
harina de soya, harina de tofu o suero proteinado (todos disponibles en tiendas naturistas) para enharinar la ternera
4 cucharadas de mantequilla (½ barra)

¼ de taza de queso parmesano rallado
4 rebanadas delgadas de jamón serrano
1 cucharada de salsa inglesa
⅓ de taza de vino blanco seco
1 cucharada de hojas de salvia frescas picadas o 1½ cucharaditas de salvia molida

• Precaliente el horno a 375°F.

Sazone la ternera con sal y pimienta, y enharine ligeramente con la harina de soya, quitando el exceso. Caliente 3 cucharadas de la mantequilla en una sartén a fuego medio-alto hasta que desaparezca la espuma, saltee la ternera durante 1 minuto por cada lado. Pásela a una lata de hornear.

Espolvoree el queso parmesano sobre la ternera y coloque encima de cada escalopa un trozo de jamón serrano, cortado al tamaño de la escalopa. Hornee por 5 minutos. Mientras se está horneando la ternera, vierta la salsa inglesa, el vino y la salvia en la sartén. Deje que suelten el hervor, asegurándose de raspar los trocitos de carne del fondo de la sartén. Baje el fuego y cocine durante 2 minutos. Retire del fuego y bata la cucharada restante de mantequilla. Coloque la ternera en una bandeja, báñela con la salsa y sirva inmediatamente.

Rinde 2 porciones

• Escalopas de ternera al vino •
y champiñones

El ácido del limón y el sabor de los champiñones salteados complementan estas delicadas escalopas de ternera. Sirva con las Calabacitas salteadas con nuez moscada (pág. 142).

> TOTAL DE CARBOHIDRATOS: *18 gramos*
>
> POR PORCIÓN: *9 gramos*

1 cucharada de mantequilla
1 cucharada de aceite de oliva
⅓ de taza de cebollita
    (únicamente la parte
    blanca)
2 tazas de champiñones
    rebanados

¾ de libra de escalopas de
    ternera, aplanadas a un
    grosor de ⅛ de pulgada
½ taza de vino blanco seco
1 cucharada de cognac
4 cucharadas de jugo de limón
sal y pimienta al gusto

• Caliente la mantequilla y el aceite en una sartén a fuego medio-alto hasta que desaparezca la espuma. Agregue la cebollita y los champiñones, y saltee durante 4 minutos, revolviendo ocasionalmente. Aparte la mezcla de champiñones en la sartén, añada la ternera y saltee por 1 minuto por cada lado. Coloque la ternera en un plato y consérvela caliente.

Vierta el vino, el cognac, el jugo de limón, la sal y la pimienta en la sartén. Deje que suelten el hervor, baje el fuego y cocine durante 2 minutos. Vierta la salsa sobre la ternera y sirva inmediatamente.

Rinde 2 porciones

• Ternera rellena de jamón, • queso gruyere y tocino

Para una cena sustanciosa, esta ternera rellena con salsa de vino es una de mis favoritas. Cuando se acompaña de nuestro Puré de brócoli con ajo (pág. 146), llega a ser el arquetipo de los alimentos suculentos que podemos disfrutar en la dieta baja en carbohidratos.

> TOTAL DE CARBOHIDRATOS: *13.8 gramos*
>
> POR PORCIÓN: *6.5 gramos*

4 chuletas de ternera delgadas (alrededor de ¼ de libra cada una)
2 rebanadas de jamón delgadas (cocidas u horneadas)
2 rebanadas de queso gruyere delgadas
2 tiras de tocino, cortadas por la mitad y cocidas
4 cucharadas (½ barra) de mantequilla

1 cucharada de aceite de oliva
1 cucharada de chalotes picados
½ taza de champiñones, rebanados finamente
½ taza de vino blanco
½ taza de caldo de pollo
½ cucharadita de pimienta blanca molida

• Aplane las chuletas hasta que estén muy delgadas. Coloque 2 chuletas en una superficie y sobre cada una ponga una rebanada de jamón, una de queso y 2 trozos de tocino. (Cerciórese de que el relleno no sobresalga del borde de la chuleta.) Encima de cada chuleta ponga otra rebanada y asegúrelas con brochetas pequeñas.

Caliente bien la mantequilla y aceite en una sartén a fuego medio, sin que se ahúme. Agregue las chuletas y cocínelas durante 4 minutos por cada lado. Retírelas de la sartén y consérvelas calientes en una bandeja. Coloque los chalotes, los champiñones, el vino, el caldo y la pimienta en la sartén. Reduzca el líquido a fuego medio-alto durante 2 minutos, asegurándose de raspar los trocitos de carne del fondo de la sartén. Vierta la salsa sobre la ternera y sirva inmediatamente.

Rinde 2 porciones

Res

•

Filete de falda de res con especias
Filete mignon con salsa de vino
Rib-eye en salsa de vino tinto
Sirloin en salsa de cognac a la mostaza
Filete a la pimienta
Hamburguesas de res con queso feta y tomate
Chevapchichi (rollitos de carne con especias)
Goulash de res fácil y rápido
Combo al curry
Carn-izza (pizza sin corteza)

· Filete de falda de res con especias ·

Sencillo y con mucho sabor, este filete de falda, de fácil de
preparación, es un platillo básico de la dieta Atkins. Sírvalo con
los Pimientos asados en aceite de ajo (pág. 150) o trate de revolver el filete rebanado con verduras y su aderezo casero favorito.

> TOTAL DE CARBOHIDRATOS: *2.7 gramos*
>
> POR PORCIÓN: *1.4 gramos*

1 cucharadita de paprika
1 cucharadita de comino
1 cucharadita de cilantro
    molido

sal y pimienta al gusto
1 libra de falda de res

- Precaliente la parrilla o el hornillo.

    Combine la paprika, el comino, el cilantro, la sal y la pimienta
en un recipiente pequeño. Esparza la mezcla de especias sobre la
superficie de la falda y déjela marinar, cubierta con plástico, en el
refrigerador durante 20 minutos.

    Ase el filete de 2½ a 3 minutos por cada lado para un término
medio-crudo. Déjelo reposar por 5 minutos.

    Corte la carne diagonalmente en rebanadas delgadas. Sirva
inmediatamente o guarde en el refrigerador, bien envuelta,
hasta 2 días.

Rinde 2 porciones

• Filete mignon con salsa •
de vino

El filete mignon es una cena suculenta, perfecta para dos. En esta receta el sabor del vino tinto contrasta deliciosamente con la carne. Sírvala con la Ensalada de hinojo con queso parmesano (pág. 50) como entrada.

> TOTAL DE CARBOHIDRATOS: *9.3 gramos*
>
> POR PORCIÓN: *4.7 gramos*

1 taza de vino tinto seco
el jugo de 1 lima
¼ de taza más 1 cucharada de
   aceite de oliva
3 dientes de ajo, picados
½ cucharadita de pimienta
   recién molida
½ taza de caldo de res

4 filetes mignon (cada uno
   alrededor de ¾ pulgadas
   de grosor)
2 cucharadas de mantequilla
4 filetes de anchoas enlatadas
   en aceite, macerados
2 cucharadas de crema agria

• Bata el vino, el jugo de lima, ¼ de taza de aceite, el ajo, la pimienta y el caldo de res en un recipiente grande. Agregue los filetes a la marinada y deje reposar durante 10 minutos. Caliente bien la mantequilla y la cucharada restante de aceite en una sartén a fuego medio-alto, sin que se ahúme. Retire los filetes de la marinada y séquelos con una toalla de papel. Conserve la marinada. Saltee los filetes durante 4 minutos por cada lado para término medio-crudo. Coloquelos en una bandeja y consérvelos calientes.

Ponga la marinada restante y las anchoas en la sartén y deje hervir, revolviendo frecuentemente, durante 5 minutos. Bata la crema agria y cocine a fuego lento por 2 minutos o hasta que la salsa esté caliente (no deje que hierva). Vierta la salsa sobre los filetes y sirva inmediatamente.

Rinde 2 porciones

• Rib-eye en salsa •
de vino tinto

Este platillo rico y reconfortante es perfecto para los meses de frío. Si puede encontrar hierbas frescas, añada un poco de estragón o romero a la salsa. Sirva con el Puré de brócoli con ajo (pág. 146) como un platillo suculento para una cena a la luz de las velas.

> TOTAL DE CARBOHIDRATOS: *13 gramos*
>
> POR PORCIÓN: *6.5 gramos*

2 cucharadas de aceite de oliva
1 libra de Rib-Eye sin hueso (alrededor de ½ pulgada de grosor)
1 cucharada de mantequilla
2 dientes de ajo grandes, picados

3 cucharadas de chalotes picados
½ taza de vino tinto
¼ de taza de caldo de res
¼ de cucharadita de pimienta recién molida
sal al gusto

• Caliente bien el aceite en una sartén grande a fuego medio-alto, sin que se ahúme. Baje el fuego, agregue la carne y cocine durant 6 minutos por cada lado para un término medio. Retírela de la cacerola y consérvela caliente.

Caliente la mantequilla en la sartén hasta que desaparezca la espuma. Añada el ajo y los chalotes, y cocine revolviendo durante 3 minutos, o hasta que se vuelvan traslúcidos. Agregue el vino, el caldo, la pimienta y la sal. Deje que suelten el hervor, asegurándose de raspar los pedacitos de carne del fondo de la sartén. Baje el fuego y cocine otros 3 minutos. Rebane la carne en tiras delgadas y báñelas con la salsa de vino. Sirva inmediatamente.

Rinde 2 porciones

• Sirloin en salsa de • cognac a la mostaza

Este suculento platillo puede prepararse en sólo 15 minutos. Es el platillo principal perfecto para una cena romántica para dos.

> **TOTAL DE CARBOHIDRATOS: 8.7** *gramos*
>
> **POR PORCIÓN: 4.3** *gramos*

1 ½ libras de sirloin, sin hueso
   (alrededor de ³⁄₈ de
   pulgada de grosor)
4 cucharadas (½ barra) de
   mantequilla
¼ de taza de crema espesa

3 cucharadas de cognac
1 cucharada de mostaza tipo
   Dijon
2 cucharadas de salsa inglesa
sal y pimienta al gusto

• Corte el sirloin en 4 trozos. Coloque cada rebanada entre dos hojas de plástico y aplánelas hasta que queden delgadas. Alrededor de ⅛ de pulgada de grosor. Caliente 2 cucharadas de mantequilla en una sartén a fuego medio-alto hasta que desaparezca la espuma. Saltee la carne, por partes si es necesario (no llene demasiado la sartén), alrededor de 45 segundos por cada lado. Colóquela en una bandeja y consérvela caliente.

Ponga la mantequilla restante, la crema, el cognac, la mostaza, la salsa inglesa, la sal y la pimienta en la sartén. Deje que suelten el hervor, baje el fuego y cocine la salsa por 3 minutos, asegurándose de raspar los pedacitos de carne del fondo de la sartén. Vierta la salsa sobre la carne y sirva inmediatamente.

Rinde 2 porciones

• Filete a la pimienta •

El filete a la pimienta es uno de los grandes lujos de la dieta baja en carbohidratos. La combinación de granos de pimienta, el cognac y la crema es rica y muy sabrosa. Hemos agregado un toque de salsa de tomate sin azúcar, que le da un hermoso color y dulzura a este platillo clásico.

> **TOTAL DE CARBOHIDRATOS: *9.4 gramos***
>
> **POR PORCIÓN: *4.7 gramos***

2 cucharadas de granos de
    pimienta machacados
    (véase Sugerencia)
2 filetes de sirloin sin hueso
    (cada uno alrededor de 1
    pulgada de grosor)
2 cucharadas de aceite de oliva
½ taza de crema espesa

1 cucharada de salsa de
    tomate sin azúcar
    (disponible en tiendas
    naturistas)
1 cucharada de cognac
sal al gusto

• Esparza los granos de pimienta sobre una superficie y presione la carne por ambos lados sobre ellos para que quede bien cubierta. Caliente bien el aceite en una sartén grande a fuego medio-alto, sin que se ahúme. Agregue la carne y cocine durante 5 minutos por cada lado para el término medio-crudo. Retírela de la sartén y consérvela caliente.

Vierta la crema, la salsa de tomate, el cognac y la sal en la sartén. Deje que suelten el hervor, revolviendo y asegurándose de raspar los pedacitos carne del fondo de la sartén. Baje el fuego y cocine durante 2 minutos. Vierta la salsa sobre la carne y sirva inmediatamente.

Rinde 2 porciones

Sugerencia:

Para machacar la pimienta, póngala en una bolsa de plástico y pásele por encima un rodillo o la hoja de un cuchillo.

· Hamburguesas de res ·
con queso feta y tomate

Haga de cuenta que estas hamburguesas fueran unos mini-pastelitos de carne con mucho sabor. Son excelentes a la parrilla e igualmente deliciosas a la sartén. Sirva con Salsa de apio cremosa (pág. 167) o Salsa de pepino y eneldo (pág. 166).

> TOTAL DE CARBOHIDRATOS: 9.5 gramos
>
> POR PORCIÓN: 4.8 gramos

1 libra de carne molida
1 ½ cucharaditas de hojas de
  tomillo fresco picado o
  ¾ de tomillo molido
1 cebollita (únicamente la
  parte blanca) picada
½ taza de espinacas frescas
  picadas

¼ taza de tomate picado
2 onzas de queso feta
  desmenuzado
sal y pimienta al gusto
1 cucharadita de hojas de
  menta fresca picadas
  (optativo)

● Combine la carne molida, el tomillo, la cebollita, la espinacas, el tomate, el queso, la sal, la pimienta y la menta, si desea, en un recipiente grande y mezcle bien. Forme 2 hamburguesas. Áselas o fríalas en una sartén a fuego moderado durante 5 minutos por cada lado para un término medio-crudo, o hasta el término deseado. Sirva inmediatamente.

Rinde 2 porciones

• Chevapchichi •
(rollitos de carne con especias)

No son las albóndigas de mamá. Ricas y con mucho sabor, estas albóndigas picantes se acompañan bien con nuestra Salsa de pepino y eneldo (pág. 166).

> TOTAL DE CARBOHIDRATOS: *11.6 gramos*
>
> POR PORCIÓN: *5.8 gramos*

½ libra de carne molida de ternera
½ libra de carne molida de res
½ libra de carne molida de cerdo
2 cucharadas de agua mineral con gas
½ cebolla mediana, picada finamente
2 dientes de ajo picados
1 cucharada de perejil fresco picado finamente
1 cucharadita de paprika húngara
½ cucharadita de pimienta recién molida
2 cucharadas de aceite de oliva
sal al gusto

• Combine la carne de ternera, de res, y de cerdo, el agua mineral, la cebolla, el ajo, el perejil, la paprika y pimienta en un recipiente grande y mezcle bien. Tome una cucharada de la mezcla y haga un rollo de 3 pulgadas. Continúe haciendo rollos hasta terminar con la mezcla. (Obtendrá de 15 a 20 rollos.)

Caliente bien el aceite en una sartén a fuego medio, sin que se ahúme. Cocine los rollos en grupos, volteándolos frecuentemente, de 12 a 15 minutos, hasta que doren bien. Espolvoréelos con sal y sirva inmediatamente.

Rinde 2 a 4 porciones

• Goulash de res fácil y rápido •

Me sentí muy feliz cuando logré elaborar una receta para un goulash de res rápido. Y aunque este guisado tarda menos de treinta minutos, conserva el sabor de un guisado cocido a fuego lento.

> TOTAL DE CARBOHIDRATOS: *19.3 gramos*
>
> POR PORCIÓN: *9.7 gramos*

2 cebollitas (únicamente la
    parte blanca)
3 dientes de ajo grandes
1 tomate grande
3 cucharadas de aceite de oliva
1½ libras de sirloin *sin*
    hueso, cortado en cubos
    de ¾ de pulgada

2 cucharaditas de paprika
sal y pimienta al gusto
¼ de taza de crema espesa
1 cubo de caldo de res

• Combine las cebollitas, el ajo y el tomate en un procesador de alimentos y haga puré durante un minuto o hasta que esté suave. Caliente bien una cucharada de aceite en una sartén a fuego medio-alto, sin que se ahúme. Agregue la mezcla de tomate y cocine, revolviendo ocasionalmente, durante 5 minutos.

Sazone el *sirloin* con la paprika, la sal y la pimienta. Caliente las 2 cucharadas restantes del aceite en una sartén a fuego medio-alto, pero sin que se ahúme. Dore la carne, por partes si es necesario, de 5 a 7 minutos.

Vierta la mezcla de tomate sobre la carne y cocine a fuego medio-alto, revolviendo de vez en cuando por 10 minutos. Añada la crema y el caldo, y cocine por 2 minutos, o hasta que esté caliente (no deje que el goulash hierva). Sirva inmediatamente.

Rinde 2 porciones

• Combo al curry •

¡No tire a la basura los sobrantes de carne! Viértalos en este curry rápido de preparar.

> **TOTAL DE CARBOHIDRATOS: 17.6 gramos**
>
> **POR PORCIÓN: 8.8 gramos**

1 cucharada de mantequilla
1 cucharada de aceite de
    canola
½ taza de cebolla picada
2 dientes de ajo, picados
1 cucharada de curry en polvo
½ taza de agua
¼ de taza de crema espesa
1½ cucharaditas de jengibre
    fresco, picado y pelado
½ cubo de caldo de pollo

2 tazas de sobrantes de carne
    cortada en cubos (como
    combinaciones de res y
    cerdo, o pollo y pavo)
2 cucharadas de nueces
    picadas, ligeramente
    tostadas (véase Suge-
    rencia en la pág. 163)

• Caliente la mantequilla y el aceite en una sartén a fuego medio hasta que desaparezca la espuma. Añada la cebolla, el ajo y el curry en polvo y saltee, revolviendo ocasionalmente de 3 a 4 minutos, o hasta que la cebolla esté suave. Agregue el agua, la crema, el jengibre y el caldo. Deje que suelten un ligero hervor y cocine a fuego lento por 5 minutos. Añada los sobrantes de carne y cocine a fuego medio, revolviendo de vez en cuando, durante 5 minutos, o hasta que estén calientes. Espolvoree con la nuez y sirva inmediatamente.

Rinde 2 porciones

• Carn-izza •
(pizza sin corteza)

Hemos creado una corteza de carne molida para esta pizza Atkins. Tenga cuidado cuando la retire del molde porque la carne se puede desmoronar, aunque sigue siendo deliciosa.

> **TOTAL DE CARBOHIDRATOS: 15.6 gramos**
>
> **POR PORCIÓN: 7.6 gramos**

³/₄ de libra de carne de res molida

3 dientes de ajo, picados

2 cucharadas de avellanas picadas

¹/₂ taza de caldo de pollo

¹/₂ cucharada de semillas de hinojo maceradas

¹/₄ de salsa semipicante sin azúcar

³/₄ de taza de queso mozzarella rallado

¹/₄ de taza de queso parmesano rallado

1 cucharada de albahaca fresca picada o 1¹/₂ cucharaditas de albahaca seca molida

1 cucharadita de orégano seco

sal y pimienta al gusto

• Precaliente el horno a 400°F.

Combine la carne de res, el ajo, las avellanas, el caldo de pollo y las semillas de hinojo en un recipiente grande y mezcle bien. Vierta la mezcla de carne a un molde para tortas de 9 pulgadas. Repártala equitativamente en el fondo del molde y hasta la mitad de éste y hornee durante 12 minutos. Retírela del horno y escurra el exceso de jugo. Vierta la salsa sobre la carne y ponga encima el queso mozzarella, el queso parmesano, la albahaca, el orégano, la sal y la pimienta. Vuelva a meter al horno y hornee por 10 minutos. Precaliente la parrilla y ase por 3 minutos o hasta que el queso se derrita y dore un poco. Sirva inmediatamente.

Rinde 2 porciones

Verduras

•

Coliflor con semillas de comino

Puré de coliflor y champiñón

Pepinos en salsa de crema

Calabacitas salteadas con nuez moscada

Alubias con vinagreta de ajo y estragón

Chicharitos con avellanas

Habichuelas verdes vainitas nilas con salsa de anchoas

Puré de brócoli con ajo

Rabo de brócoli con salchichón

Espinacas salteadas con ajo y aceite de oliva

Puré de aguacate con ajo y estragón

Pimientos asados en aceite de ajo

Verduras mixtas

Verduras fritas con semillas de mostaza y vinagre
balsámico

Cacerola de espinacas y queso Cheddar

Chiles rellenos

• Coliflor con semillas de comino •

Este fragante platillo puede servirse caliente o a temperatura ambiente. Si no le gustan las semillas de comino, las puede sustituir por una cantidad igual de semillas de hinojo o de alcaravea.

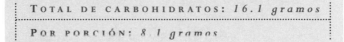

TOTAL DE CARBOHIDRATOS: *16.1 gramos*

POR PORCIÓN: *8.1 gramos*

2 cucharadas de semilla de
   comino
¼ de taza de aceite de oliva
2 dientes de ajo, rebanados
   finamente

2 tazas de coliflor sin tallos,
   cortada en trozos
sal y pimienta al gusto

• Caliente una sartén a fuego medio, sin que se ahúme. Agregue las semillas de comino y cocine alrededor de 1 minuto, hasta que las semillas comiencen a dorar y reventar. Retírelas de la sartén y póngalas aparte. Caliente el aceite en la misma sartén, añada el ajo y saltee durante 30 segundos. Agregue la coliflor y saltee, revolviendo ocasionalmente, alrededor de 5 minutos, hasta que empiece a dorar. Agregue las semillas de comino tostadas, la sal y la pimienta, revuelva bien y sirva.

Rinde 2 porciones

• Puré de coliflor •
y champiñón

Este puré de textura suave es un acompañamiento muy apeteci-
ble. Se puede servir para acompañar un platillo sencillo como las
Chuletas de cerdo con naranja y romero (pág. 107).

> TOTAL DE CARBOHIDRATOS: *20.1 gramos*
>
> POR PORCIÓN: *10 gramos*

1 ½ tazas de coliflor picada
2 cucharadas de aceite de
  oliva
2 cucharadas de mantequilla
1 cebolla pequeña, finamente
  picada

1 ½ tazas de champiñones
  rebanados
2 cucharadas de crema fresca o
  crema espesa
sal y pimienta al gusto

• Ponga a hervir 2 cuartos de galón de agua salada en una sartén
grande. Agregue la coliflor y cocine durante 6 minutos. Cuele y
ponga aparte.

Mientras tanto, caliente el aceite y la mantequilla en una
sartén a fuego medio-alto hasta que desaparezca la espuma.
Agregue la cebolla y saltee por 5 minutos. Agregue los
champiñones y saltee, revolviendo ocasionalmente, durante 5
minutos.

Ponga la mezcla de coliflor y champiñones en un procesador
de alimentos. Agregue la crema fresca, la sal y la pimienta y haga
puré por 1 minuto, o hasta que esté suave. Cocine el puré en una
sartén a fuego lento, revolviendo de vez en cuando, durante 3
minutos, o hasta que esté caliente. Sirva inmediatamente.

Rinde 2 porciones

• Pepinos en salsa de crema •

Después de saborear este apetitoso platillo de pepino en una cena en Denver, cree mi propia versión. Sírvalo con el Pez espada con pimientos (pág. 86) o con salmón a la parrilla.

TOTAL DE CARBOHIDRATOS: *18.4 gramos*

POR PORCIÓN: *8.7 gramos*

1 cucharada de aceite de
   canola
1 cucharada de mantequilla
1 puerro mediano (únicamente
   la parte blanca), cortado
   a lo largo por la mitad,
   bien lavado y rebanado
   finamente
1 pepino mediano, pelado, sin
   semillas y rebanado
   finamente

2 cucharadas de vermut seco o
   jerez seco
1 cucharada de cáscara de
   limón rallada
el jugo de $1/2$ limón
1 cubo de caldo de pollo
1 hoja grande de albahaca,
   picada o 1 cucharadita
   de albahaca seca
sal y pimienta al gusto
$1/2$ taza de crema espesa

• Caliente el aceite y la mantequilla en una sartén a fuego medio hasta que desaparezca la espuma. Agregue el puerro y cocine, revolviendo ocasionalmente, de 3 a 4 minutos, o hasta que esté suave. Agregue el pepino y cocine durante 5 minutos, revolviendo de vez en cuando. Agregue el vermut, la cáscara de limón, el jugo de limón, el caldo, la albahaca, la sal y la pimienta. Tape parcialmente la sartén y cocine 10 minutos, revolviendo ocasionalmente. Agregue la crema y cocine durante 1 minuto, o hasta que esté caliente. Sirva inmediatamente.

Rinde 2 porciones

• Calabacitas salteadas con nuez • moscada

La delicadeza de este platillo salteado sirve para acompañar perfectamente el Cerdo con corteza de mostaza (pág. 106).

> TOTAL DE CARBOHIDRATOS: 7.7 gramos
>
> POR PORCIÓN: 3.9 gramos

2 cucharadas de mantequilla
2 calabacitas medianas,
   cortadas en rebanadas de
   ⅜ de pulgada de grosor

sal y pimienta al gusto
nuez moscada al gusto

• Caliente la mantequilla en una sartén a fuego medio hasta que desaparezca la espuma. Agregue la calabacita y saltee durante 10 minutos, revolviendo frecuentemente. Espolvoree con sal, pimienta y nuez moscada. Sirva inmediatamente.

Rinde 2 porciones

• Alubias con vinagreta de ajo •
y estragón

Las alubias saben maravillosamente cuando se mezclan con esta
sencilla vinagreta de ajo y estragón. Sirva para acompañar la res
o el cordero.

> TOTAL DE CARBOHIDRATOS: *16.4 gramos*
>
> POR PORCIÓN: *8.2 gramos*

2 tazas de alubias limpias
5 cucharadas de aceite de oliva
⅓ de taza de cebolla,
   finamente picada
1 diente de ajo, picado
2 cucharadas de vinagre de
   vino blanco

1 cucharada de hojas frescas
   de estragón picadas o
1½ cucharaditas de
   estragón seco
sal y pimienta al gusto

• Hierva 2 cuartos de galón de agua con sal en una cacerola.
Agregue las alubias y cocine de 5 a 6 minutos, o hasta que estén
suaves. Escúrralas y páselas por agua fría para detener la cocción.
Bata el aceite de oliva, la cebolla, el ajo, el vinagre, el estragón, la
sal y la pimienta.

Coloque las alubias en una bandeja. Báñelas con la vinagreta y
revuélvalas. Déjelas reposar durante 10 minutos. Sirva inmediatamente o guarde en un recipiente hermético en el refrigerador
hasta 1 día.

Rinde 2 porciones

• Chicharitos con avellanas •

Las nueces tostadas le dan un sabor maravilloso a las verduras salteadas. Las avellanas, que también se conocen como filibertos, son unas de nuestras favoritas.

> TOTAL DE CARBOHIDRATOS: *20.2 gramos*
>
> POR PORCIÓN: *10.1 gramos*

½ taza de tocino en trozos
2 cucharadas de mantequilla
½ libra de chicharitos, lavados

2 cucharadas de avellanas, sin piel
sal y pimienta al gusto

- Caliente bien una sartén grande a fuego medio-alto. Saltee el tocino, revolviendo ocasionalmente, alrededor de 2 minutos, o hasta que dore. Retírelo de la cacerola y escurra la grasa. En la misma cacerola caliente la mantequilla a fuego lento hasta que desaparezca la espuma. Agregue los chicharitos y cocine alrededor de 1 minuto hasta que estén tiernos.

Caliente bien una sartén a fuego medio. Agregue las avellanas y tuéstelas, agitando la sartén de vez en cuando, de 4 a 5 minutos, hasta que doren y aromaticen. Agregue el tocino, los chicharitos, la sal y la pimienta, y saltee a fuego medio durante 2 minutos. Sirva inmediatamente.

Rinde 2 o 3 porciones

Variante: Sustituya las avellanas por nuez tostada y añada 1 cucharada de raíz de jengibre fresca, picada, y 1 cucharada de salsa de soya cuando agregue el tocino.

• Habichuelas verdes (vainitas) •
en salsa de anchoas

Las habichuelas son un maravilloso ingrediente para la salsa salada de anchoas. Sírvalas para acompañar el Cordero con limón y romero a la parrilla (pág. 118).

> TOTAL DE CARBOHIDRATOS: *20 gramos*
>
> POR PORCIÓN: *10 gramos*

1 libra de habichuelas,
  lavadas y limpias
3 filetes de anchoas empacados
  en aceite o 1 cucharada
  de pasta de anchoas
  hecha en casa (receta en

la pág. 159) o pasta de
  anchoas preparada
2 cucharadas de mantequilla
½ taza de caldo de pollo
1 cucharada de albahaca
  picada para adornar

• Ponga a hervir 2 cuartos de galón de agua salada en una cacerola grande. Agregue las habichuelas y cocínelas durante 5 minutos. Mientras se cocinan las habichuelas, combine los filetes de anchoas o la pasta de anchoas, la mantequilla y el caldo en una cacerola pequeña y deje que hiervan lentamente.

Escurra las habichuelas y vacíelas a un recipiente. Báñelas con la salsa de anchoas, revuélvalas bien y adórnelas con la albahaca. Sirva inmediatamente.

Rinde 2 porciones

• Puré de brócoli con ajo •

Este puré es un acompañamiento maravilloso. En ocasiones nos gusta servirlo con nuestra Ternera rellena de jamón, queso gruyere y tocino (pág. 125). Nos gusta agregarle crema fresca para hacerlo más rico y poder acompañar platillos más sencillos como el cordero asado.

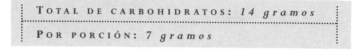

TOTAL DE CARBOHIDRATOS: *14 gramos*

POR PORCIÓN: *7 gramos*

3 ramas de brócoli sin tallos, con las cabezas bien lavadas y separadas en ramitos
2 cucharadas de aceite de oliva

2 dientes de ajo
sal al gusto
½ cucharadita de pimienta blanca

• Ponga a hervir 1 cuarto de galón de agua salada en una cacerola. Agregue los ramitos de brócoli y cocine tapados a fuego medio, de 12 a 15 minutos, hasta que estén tiernos. Escurra bien. Combine el brócoli con el aceite, el ajo, la sal y la pimienta en un procesador de alimentos y haga puré alrededor de 1 minuto, o hasta que esté suave. Sirva inmediatamente.

Rinde 2 porciones

· Rabo de brócoli con salchichón ·

El ligero sabor amargo del rabo de brócoli es una cubierta ideal para un condimentado salchichón italiano. La adición del vinagre balsámico le da un toque picante. Este platillo es un acompañamiento maravilloso para las Chuletas de cordero marinadas a la parrilla (pág. 117) y también se puede servir como almuerzo ligero por sí solo. El agua que se adhiere al rabo de brócoli después de lavarlo es suficiente para su cocción.

> TOTAL DE CARBOHIDRATOS: *21.7 gramos*
>
> POR PORCIÓN: *10.9 gramos*

2 cucharadas de aceite de oliva
1 libra de salchichón italiano
   condimentado sin
   cubierta
2 dientes de ajo picados
1 libra de rabo de brócoli,
   lavado

1 cucharada de vinagre
   balsámico
1 cucharadita de pimienta
   negra recién molida
$1/2$ cucharadita de hojuelas de
   chile rojo seco
sal al gusto

• Caliente bien el aceite en una sartén grande a fuego medio, sin que se ahúme. Agregue el salchichón y cocine durante 6 minutos, rompiendo los grumos. Agregue el ajo y cocine durante otro minuto.

Baje el fuego y añada el rabo de brócoli y el vinagre. (Si el rabo está muy seco, agregue 1 cucharadita de agua a la sartén.) Tape y cocine, revolviendo ocasionalmente, durante 7 minutos, o hasta que el rabo esté suave. Agregue la pimienta, las hojuelas de chile y la sal, y revuelva. Sirva inmediattamente.

Rinde 2 porciones

• Espinacas salteadas con ajo •
y aceite de oliva

A este platillo clásico de espinacas le hemos añadido ajo extra y una pizca de nuez moscada. Es el acompañamiento perfecto para los Medallones de filete de cerdo con crema agria y eneldo (pág. 110).

> **TOTAL DE CARBOHIDRATOS:** *20.4 gramos*
>
> **POR PORCIÓN:** *10.2 gramos*

3 cucharadas de aceite de oliva
4 dientes de ajo grandes,
    rebanados
1 paquete de hojas de
    espinacas congeladas,
    descongeladas y
    escurridas

½ cubo de caldo de pollo
    desmoronado
¼ de cucharadita de nuez
    moscada recién molida
sal y pimienta al gusto

• Caliente bien el aceite de oliva en una cacerola a fuego moderado, sin que se ahúme. Agregue el ajo y cocine por 1 minuto, o hasta que empiece a dorar. Agregue las espinacas y espolvoree con el cubo de caldo de pollo desmenuzado. Tape la cacerola, dejando un hueco. Cocine la espinaca, de 2 a 3 minutos, revolviendo de vez en cuando, hasta que el agua se haya evaporado. Apague el fuego y agregue la nuez moscada, la sal y la pimienta. Sirva inmediatamente.

Rinde 2 porciones

• Puré de aguacate con ajo •
y estragón

Este puré tiene un color verde brillante y una textura cremosa. Es perfecto para acompañar un coctel de camarones o salmón frío. Algunas veces nos gusta utilizarlo, además de la mayonesa, para mariscos y ensaladas de atún. Acuérdese de esta receta cuando tenga un aguacate que está demasiado maduro para usar en otros platillos.

> **TOTAL DE CARBOHIDRATOS:**
>
> *18.3 gramos por taza*

1 aguacate bien maduro (preferiblemente Haas)
1 diente de ajo pequeño, picado
1 cucharada de jugo de limón fresco además de ½ cucharadita para espolvorear sobre el puré

1 cucharadita de aceite de oliva
¼ de taza de hojas de estragón frescas, picadas
sal y pimienta al gusto
2 cucharadas de crema espesa

• Corte el aguacate por la mitad, quítele al pepa y coloque la pulpa en un procesador de alimentos. Agregue el ajo, 1 cucharada de jugo de limón, al aceite, el estragón, la sal y la pimienta. Haga puré la mezcla durante 30 segundos o hasta que esté suave. Mientras el procesador está prendido, agregue la crema y hágalo puré otros 15 segundos. Rocíe lo que quedó del jugo de limón sobre el puré para que no se ennegrezca. Sirva inmediatamente o guarde en un recipiente bien sellado en el refrigerador hasta 2 días.

Rinde alrededor de 1 taza

• Pimientos asados en aceite de ajo •

Es realmente muy sencillo asar pimientos. La piel, se quita fácilmente una vez esté asada, dejando la pulpa suave y dulce. Algunas veces picamos los pimientos asados y los agregamos a la ensalada de pollo. O los bañamos con aceite y ajo como en esta receta, y los servimos para acompañar un pescado a la parrilla.

TOTAL DE CARBOHIDRATOS: *11.6 gramos*

POR PORCIÓN: *5.8 gramos*

³/₄ *de taza de aceite de oliva*   *1 pimiento morrón*
2 dientes de ajo, picados   *1 pimiento verde*

- Combine el aceite y el ajo en un recipiente.

   Para asar en la estufa: ajuste la llama a medio-alta. Coloque los pimientos directamente sobre la llama y tuéstelos alrededor de 10 minutos, volteándolos con pinzas o hasta que la piel esté tostada. (También se pueden asar en un horno precalentado a 450°F, volteándolos con frecuencia con unas pinzas, alrededor de 20 minutos, o hasta que la piel esté bien tostada.) Retírelos del fuego, colóquelos en una bolsa de papel y séllela. Deje que los pimientos suden durante 2 minutos.

   Retírelos de la bolsa y bajo el chorro de agua quíteles la piel, las semillas y las venas. Añadalos al aceite de ajo. Sirva inmediatamente.

Rinde 2 porciones

• Verduras mixtas •

Los sabores individuales de las verduras se conservan en esta combinación de colores. Sírvalas con las Albóndigas al ajillo y eneldo (pág. 111).

> **TOTAL DE CARBOHIDRATOS:** *12 gramos*
>
> **POR PORCIÓN** : *6 gramos*

2 cucharadas de aceite de oliva
1 cebolla pequeña, finamente
  picada
½ pimiento amarillo picado
  en cubos
1 taza de calabacita cortada
  en cubos
½ taza de pepino, sin cáscara
  y sin semillas, lavado y
  picado

¼ de taza de caldo de pollo
2 dientes de ajo, picados
½ cucharadita de cominos
¼ de cucharadita de orégano
  seco
sal y pimienta al gusto

● Caliente bien el aceite en una sartén grande a fuego medio-alto, sin que se ahúme. Agregue la cebolla, el pimiento, la cala-bacita y el pepino, y saltee durante 5 minutos, revolviendo ocasionalmente. Agregue el caldo de pollo, el ajo, el comino, el orégano, la sal y la pimienta. Deje que suelten el hervor, baje el fuego y cocine por 10 minutos, o hasta que las verduras estén suaves. Sirva inmediatamente.

Rinde 2 porciones

• Verduras fritas con semillas • de mostaza y vinagre balsámico

Ésta es una manera deliciosa y fácil de preparar una variedad de verduras que hayan sobrado en el refrigerador. Éstos son nuestros ingredientes favoritos, experimente con lo que quiera. Otras verduras que saben bien con esta receta son los chicharitos, la coliflor, las colecitas de Bruselas y los champiñones.

> **TOTAL DE CARBOHIDRATOS:** *16.6 gramos*
>
> **POR PORCIÓN:** *8.3 gramos*

2 cucharadas de aceite de oliva
1 taza de puntas de brócoli
1 taza de vainitas,* cortadas a
    la mitad con los
    frijolitos a la mitad
1 cucharada de semilla de
    mostaza

2 dientes de ajo grandes,
    picados
$^1/_2$ cucharadita de pimienta
    molida
1 cucharada de vinagre
    balsámico
sal al gusto

• Caliente una cacerola grande o *wok* a fuego medio durante 1 minuto y agregue el aceite. Agregue el brócoli, las semillas de mostaza, el ajo, el pimiento, el vinagre y la sal. Fría y revuelva las verduras frecuentemente alrededor de 10 minutos, o hasta que estén suaves. Sírvalas calientes o a temperatura ambiente.

Rinde 2 porciones

* Las vainitas se conocen también como ejotes (México, Centroamérica), judías (España).

• Cacerola de espinacas •
y queso Cheddar

Esta rica y burbujeante cacerola es maravillosa para acompañar carne o pollo a la parrilla.

TOTAL DE CARBOHIDRATOS: 20.7 gramos
POR PORCIÓN: 10.4 gramos

1 cucharada de aceite de oliva
2 dientes de ajo, picados
2 libras de espinacas, sin
   tallos, lavadas y secas

2 cucharadas de piñones
½ taza de queso Cheddar
   rallado

- Precaliente la parrilla.

Caliente bien el aceite en una sartén grande a fuego medio, sin que se ahúme. Agregue el ajo y cocine durante 1 minuto, revolviendo de vez en cuando. Agregue las espinacas, tape y cocine por 5 minutos.

Vierta la mezcla de espinacas en una cacerola y espolvoree con los piñones y queso cheddar. Ase alrededor de 2 minutos hasta que el queso se derrita y dore ligeramente. Sirva inmediatamente.

Rinde 2 porciones

• Chiles rellenos •

Nos gusta agregar jalapeños a estos chiles rellenos para que piquen un poco, pero son igual de deliciosos sin ellos.

> TOTAL DE CARBOHIDRATOS:
>
> con Empanizado I
>
> (Empanizado de moronas de chicharrón y ajonjolí): 19 gramos
>
> con Empanizado II
>
> (Empanizado de ajonjolí y tofu): 22.8 gramos
>
> con Empanizado III
>
> (Empanizado de moronas de chicharrón y tofu): 19.1 gramos
>
> POR PORCIÓN:
>
> con Empanizado I: 9.5 gramos
>
> con Empanizado II: 11.4 gramos
>
> con Empanizado III: 9.6 gramos

4 chiles California (preferiblemente Anaheim) o pimientos italianos para freír

²/₃ de taza de queso Monterey Jack rallado

²/₃ de taza de queso cheddar rallado

1 cucharada de chile jalapeño, sin semilla y picado (opcional)

1 huevo grande, ligeramente batido

¼ de taza de empanizado (I, II o III: págs. 190–92)

2 cucharadas de aceite de canola

• Meta los chiles en agua salada hirviendo durante 5 minutos. Enfríe bajo el chorro de agua. Abra un lado del chile, quítele las semillas y las venas, conservando el chile entero. En un recipiente combine el queso Monterey Jack, el Cheddar y los jalapeños, si los usa. Rellene los chiles con esta mezcla.

Con cuidado, pase los chiles por el huevo y luego por el empanizado, quitando el exceso. Caliente bien el aceite en una sartén a fuego medio, sin que se ahúme. Agregue los chiles y cocínelos alrededor de 3 minutos por lado hasta que doren de todos lados. Sirva inmediatamente.

Rinde 2 porciones

Salsas

•

Salsa de acedera

Puré de pimiento morrón

Pasta de anchoas

Pesto de albahaca

Pesto de cilantro y lima

Pesto de menta y cominos

Mantequilla de nuez y queso de Roquefort

Mantequilla al cilantro

Salsa de maní (cacahuate)

Salsa de pepino y eneldo

Salsa de apio cremosa

Crema de rábano picante

Salsa tártara de alcaparras

Salsa de champiñones cremosa

Salsa holandesa fácil y rápida

• Salsa de acedera •

La acedera, una hierba ligeramente ácida, ha crecido en forma silvestre durante siglos en Norteamérica, Europa y Asia, y está disponible en cantidades limitadas durante todo el año. Vale la pena buscarla, sobre todo en la primavera, cuando es tierna y más dulce. Si no puede encontrarla, puede sustituirla por la arúgula. Sirva esta exquisita salsa con pescado o pollo.

> TOTAL DE CARBOHIDRATOS:
>
> 13.6 gramos por taza (si usa acedera)
>
> 7.9 gramos por taza (si usa arúgula)

1 taza de caldo de pollo
3 tazas de acedera, limpia y
    bien lavada
¼ de taza de crema espesa

2 cucharadas de eneldo fresco
    picado
sal y pimienta al gusto

• Ponga a herir el caldo de pollo en una cacerola grande a fuego medio-alto. Baje el fuego y añada la acedera y cocínela durante 15 minutos, o hasta que se marchite. Agregue la crema, el eneldo, la sal y la pimienta y cocine por 1 minuto, o hasta que la salsa se caliente (no deje que hierva). Sirva inmediatamente.

Rinde alrededor de 1 taza

• Puré de pimiento morrón •

Este puré siempre es un éxito y es sumamente sencillo de preparar. Sírvalo con filetes de atún a la parrilla o casi al carbón. Para convertirlo en una sustanciosa sopa, agréguele caldo de pollo. Se puede servir caliente o frío.

> TOTAL DE CARBOHIDRATOS:
>
> 17.9 por 1 1/2 tazas

1 1/2 cucharadas de aceite de
    oliva
1 pimiento morrón, picado
1 pimiento morrón asado
    (véase el procedimiento
    en la pág. 150) o 1/2
    taza de pimiento morrón
    tostado embotellado
2 dientes de ajo, picados

1/2 taza de cebolla picada
2 cucharadas de vino tinto
1 1/2 cucharaditas de jugo de
    limón fresco
1 cucharada de hojas de
    estragón fresco
    (optativo)
sal y pimienta al gusto

• Caliente bien el aceite en una sartén a fuego medio, sin que se ahúme. Agregue los pimientos, el ajo, la cebolla y el vino. Tape y cocine durante 6 minutos, revolviendo ocasionalmente. (Si el líquido se empieza a evaporar, agregue de 1 a 2 cucharadas de agua.) Retire del fuego y vierta en un procesador de alimentos. Agregue el jugo de limón, el estragón, la sal y la pimienta, y haga puré durante 30 segundos, o hasta que esté suave. Pruébelo y rectifique la sazón. Sirva inmediatamente o guarde en el refrigerador en un recipiente hermético hasta 3 días.

Rinde alrededor de 1 1/2 tazas

• Pasta de anchoas •

Aunque la pasta de anchoas se puede comprar ya hecha, preferimos hacerla para controlar la sal. La tenemos a la mano para el Aderezo César (pág. 178) o las Habichuelas verdes (vainitas) con salsa de anchoas (pág. 145).

TOTAL DE CARBOHIDRATOS:

.5 gramos por ¼ de taza

1 lata de 2 onzas de anchoas en aceite
1 cucharada de aceite de oliva

1 ½ cucharaditas de cáscara de limón rallada

• Enjuague cuidadosamente las anchoas, séquelas con una toalla de papel y póngalas en un procesador de alimentos. Agregue el aceite y la cáscara de limón, y hágalas puré 30 segundos o hasta que estén suaves. Raspe el exceso de las orillas y vuelva a hacer puré por otros 5 minutos. (Si el puré tiene demasiados grumos, agregue un poco más de aceite y vuelva a procesarlo.) Consuma inmediatamente o conserve en un recipiente hermético en el refrigerador hasta 1 semana.

Rinde ¼ de taza

• Pesto de albahaca •

Este pesto clásico se sirve tradicionalmente con pasta, ¡pero no aquí! Revuelva con pollo cocido desmenuzado para hacer una excelente ensalada de pollo o sírvalo como condimento con chuletas de puerco a la parrilla.

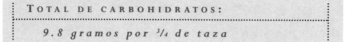

TOTAL DE CARBOHIDRATOS:

9.8 gramos por ³/₄ de taza

2 dientes de ajo
1½ tazas de hojas frescas de
    albahaca, lavadas y secas
3 cucharadas de piñones

3 cucharadas de queso
    Parmesano rallado
⅓ de taza de aceite de oliva
sal y pimienta al gusto

• Coloque el ajo, las hojas de albahaca, los piñones y el queso en un procesador de alimentos durante unos segundos. Raspe el exceso de las orillas. Mientras el procesador está prendido, agregue el aceite en un flujo continuo y haga puré, alrededor de 1 minuto, hasta que esté suave. Vierta el pesto en un recipiente y revuelva, agregando la sal y la pimienta. Sírvalo inmediatamente o guárdelo tapado en el refrigerador hasta 2 días.

Rinde alrededor de ³/₄ de taza

• Pesto de cilantro y lima •

Este pesto es maravilloso al servirse con las Milanesas de pollo (pág. 91) o pescado a la parrilla.

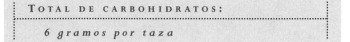

TOTAL DE CARBOHIDRATOS:

6 gramos por taza

1 taza de hojas de cilantro sin compactar
1 diente de ajo
½ cucharada de jugo de lima

⅓ de taza de nuez picada
sal y pimienta al gusto
⅓ de taza de aceite de oliva

• En un procesador de alimentos, combine el cilantro, el ajo, el jugo de lima, la nuez, la sal y la pimienta. Procese durante 30 segundos y raspe el exceso de las orillas del recipiente. Mientras el procesador está prendido, agregue el aceite con un flujo lento y procese por otros 15 segundos, o hasta que el pesto esté suave. Sírvalo inmediatamente o guárdelo en un recipiente hermético hasta 3 días o en el congelador hasta 2 semanas.

Rinde alrededor de 1 taza

Sugerencia:

Para usarlo en el futuro, puede congelarlo en una charola de hielos tapada con una envoltura de plástico.

• Pesto de menta y cominos •

La menta y el comino aromático (una mezcla poco común) se combinan bienen este sabroso pesto. Sírvalo como condimento con cordero.

> **TOTAL DE CARBOHIDRATOS:**
>
> *12.5 gramos por taza*

1 taza de hojas frescas de menta sin compactar
1 diente de ajo
1 1/2 cucharaditas de jugo de lima fresca
1/3 de taza de nuez picada, ligeramente tostada

(véase sugerencia en la pág. 163)
1 cucharadita de comino molido
sal y pimienta al gusto
1/3 de taza de aceite de oliva

• En un procesador de alimentos combine la menta, el ajo, el jugo de lima, la nuez, el comino, la sal y la pimienta. Procese durante 30 segundos y raspe el exceso de las orillas del recipiente. Mientras el procesador está prendido, agregue el aceite en un flujo continuo, pero lento, y procese por otros 15 segundos, o hasta que esté suave. Sírvalo inmediatamente o consérvelo en un recipiente hermético en el refrigerador hasta 3 días o en el congelador hasta 2 semanas.

Rinde alrededor de 1 taza

· Mantequilla de nuez ·
y queso de Roquefort

Esta exquisita mantequilla puede convertir un sencillo corte de res en un platillo suculento. También nos gusta combinarla con ramitas de coliflor y hornear la mezcla como una alternativa para gratinar.

> **TOTAL DE CARBOHIDRATOS:** *2.7 gramos*
>
> **POR PORCIÓN:** *1.3 gramos*

2 onzas de queso de Roquefort
desmenuzado
1 ½ cucharadas de
mantequilla blanda
1 cucharadita de perejil
fresco, picado

1 cucharadita de romero o
tomillo fresco, finamente
picado
1 cucharada de nuez picada,
tostada (véase
Sugerencia)

● Combine el queso, la mantequilla, el perejil, el romero y la nuez en un recipiente de vidrio o cerámica, y mezcle bien. Sírvala inmediatamente o consérvela bien tapada en el refrigerador hasta 3 días.

Rinde alrededor de ½ taza

Sugerencia: Para tostar nueces

Caliente bien una sartén a fuego medio. Añada las nueces y cocine, alrededor de 3 minutos, revolviendo constantemente o hasta que se vuelvan muy aromáticas y empiecen a dorar. (Tenga mucho cuidado de que no se quemen.) Retírelas del fuego. Se pueden servir inmediatamente, espolvoreadas ligeramente con sal, o conservarlas en un recipiente hermético hasta 1 semana.

• Mantequilla al cilantro •

Puede servir esta maravillosa mantequilla sobre vainitas o uti-
lizarla para saltear brócoli. Pruébela en vez de mantequilla corri-
ente en las Mantecadas de crema agria y ajonjolí (pág. 186). O
bien, puede avivar el sabor del pollo a la parrilla si pone una
cucharada sobre éste, justo unos minutos antes de que termine de
cocinarse.

> TOTAL DE CARBOHIDRATOS:
>
> 4.2 gramos por ¼ de taza

3 cucharadas de mantequilla
blanda
1½ cucharadas de cilantro
fresco picado

1½ cucharaditas de limón
rallado o cáscara de lima
1 cucharadita de jugo fresco
de limón o lima

• Combine la mantequilla, el cilantro, la cáscara y el jugo de
limón en un tazón y mezcle bien. Sirva inmediatamente o conserve en un recipiente hermético en el refrigerador hasta 1 semana.

Rinde alrededor de ¼ de taza

• Salsa de maní (cacahuate) •

Esta salsa de cacahuate es muy sabrosa y fácil de hacer. Se sirve con el Pollo al coco con cilantro (pág. 93). Para darle un distintivo sabor tailandés, puede añadir unas cucharadas de salsa a las verduras fritas.

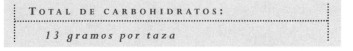

TOTAL DE CARBOHIDRATOS:

13 gramos por taza

3 cucharadas de crema de
    maní (cacahuate)
1 cucharada de agua de coco
    sin azúcar (optativo)
1 cucharada de aceite de
    ajonjolí tostado

½ taza de agua
1 cucharada de salsa de soya
el jugo de ½ lima
1 diente de ajo pequeño
½ taza de cilantro fresco,
    picado

● Combine la crema de maní, el agua de coco, si la usa, el aceite de ajonjolí, el agua, la salsa de soya, el jugo de lima, el ajo y el cilantro en un procesador de alimentos y haga puré, alrededor de 1 minuto, hasta que estén suaves. (Si la salsa está demasiado espesa, agregue un poco más de agua.) Sírvala inmediatamente o consérvela tapada en el refrigerador hasta 4 días.

Rinde alrededor de 1 taza

• Salsa de pepino y eneldo •

Servimos esta versátil y maravillosa salsa con nuestro Cordero con limón y romero a la parrilla (pág. 118) o sobre una hamburguesa. También se puede batir con un poco de aceite de oliva para un rápido aderezo para ensalada.

> **TOTAL DE CARBOHIDRATOS:**
>
> 6.2 gramos por ³/₄ de taza

¼ de taza de pepino en cubos
½ taza de crema agria
1 cucharadita de jugo de
    limón fresco
1 cucharada de eneldo fresco,
    picado

1 cucharadita de menta fresca
    picada
1 diente de ajo pequeño,
    picado
sal y pimienta al gusto

• Combine el pepino, la crema agria, el jugo de limón, el eneldo, la menta, el ajo, la sal y la pimienta en un recipiente de vidrio o cerámica, y mezcle bien. Sírvala inmediatamente o consérvela en un recipiente hermético en el refrigerador hasta 2 días.

Rinde alrededor de ³/₄ de taza

• Salsa de apio cremosa •

Sirva esta salsa fresca y refrescante con el Lenguado salteado (pág. 79) o las Hamburguesas de res con queso feta y tomate (pág. 132). También se sirve como *dip* para verduras crudas.

> TOTAL DE CARBOHIDRATOS:
>
> 6.9 gramos por ¾ de taza

½ taza de crema agria
¼ de taza de apio, finamente picado
1 cucharadita de semilla de apio molida

1½ cucharaditas de jugo de limón fresco
sal y pimienta al gusto

• Bata la crema agria, el apio, la semilla de apio, el jugo de limón, la sal y la pimienta en un recipiente hasta que la salsa esté suave. Sírvala de inmediato o consérvela en un recipiente hermético en el refrigerador hasta 4 días.

Rinde alrededor de ¾ de taza

• Crema de rábano picante •

Esta versátil salsa británica se sirve tradicionalmente sobre rebanadas delgadas de bistec. También es ideal para acompañar el
Salmón escalfado al horno con vino y eneldo (pág. 82) o un
pescado ahumado.

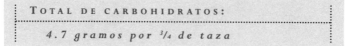

TOTAL DE CARBOHIDRATOS:

4.7 gramos por ³/₄ de taza

⅓ de taza de crema espesa
1 cucharadita de mostaza tipo
    Dijon
1 ½ cucharadas de rábano
    picante escurrido

1 cucharada de crema agria
sal y pimienta al gusto

• Licúe la crema y la mostaza en un procesador de alimentos o
en un recipiente con un batidor eléctrico, alrededor de 1 minuto,
hasta que la mezcla forme picos. Bata el rábano picante, la crema
agria, la sal y la pimienta hasta que estén suaves. Agregue en
forma envolvente la mezcla de crema de mostaza con la de rábano
picante. Sírvala inmediatamente o consérvela en un recipiente
hermético en el refrigerador hasta 5 días.

Rinde alrededor de ³/₄ de taza

• Salsa tártara de alcaparras •

El sabor fuerte de las alcaparras le da un gusto y una textura maravillosa a esta salsa tártara hecha en casa. Nos encanta con una pizca de picante, pero el picante es a su gusto.

> TOTAL DE CARBOHIDRATOS:
>
> 3.1 gramos por ¾ de taza

½ taza de mayonesa
1 cucharada de alcaparras
  pequeñas, o alcaparras
  grandes picadas
1 cucharadita de mostaza tipo
  Dijon
1 cucharadita de rábano
  picante, escurrido

1½ cucharaditas de jugo de
  limón fresco
1 cucharadita de cebolla
  rallada
sal y pimienta al gusto
una pizca de salsa tabasco
  (optativo)

• **En un recipiente bata la mayonesa, las alcaparras, la mostaza, el rábano picante, el jugo de limón, la cebolla, la sal, la pimienta y la salsa tabasco, si la usa, hasta que esté suave. Sírvala inmediatamente o consérvela en un recipiente hermético en el refrigerador hasta 5 días.**

Rinde alrededor de ¾ de taza

• Salsa de champiñones cremosa •

Esta versátil salsa de champiñones enriquece sabor de carnes asadas y chuletas, al igual que el de las Albóndigas al ajillo y eneldo (pág. 111).

> **TOTAL DE CARBOHIDRATOS:**
>
> *8.2 gramos por taza*

1 cucharada de mantequilla	2 cucharadas de crema espesa
½ libra de champiñones, finamente picados	1 cucharada de crema agria
½ taza de caldo de pollo	sal y pimienta al gusto
	nuez moscada al gusto

• Caliente la mantequilla en una sartén a fuego medio hasta que desaparezca la espuma. Agregue los champiñones y cocine durante 5 minutos, revolviendo frecuentemente. Agregue el caldo de pollo y la crema espesa, y cocine por 2 minutos. Retire del fuego y agregue la crema agria, la sal, la pimienta y la nuez moscada. Sírvala de inmediato o consérvela tapada en el refrigerador hasta 1 día.

Rinde alrededor de 1 taza

• Salsa holandesa fácil y rápida •

Esta versión de la clásica salsa, hecha en licuadora, es fácil y deliciosa. Sirva con los Huevos Benedict con espinacas (pág. 71) con o espárragos al vapor.

> **TOTAL DE CARBOHIDRATOS:**
>
> *1.3 gramos por ¹/₂ taza*

⅓ de taza de mantequilla
2 yemas de huevo
1 cucharada de jugo de limón
　fresco

sal al gusto
pimienta de Cayena al gusto
nuez moscada al gusto
　(optativo)

• Caliente la mantequilla en una cacerola a fuego lento hasta que burbujee. Mientras tanto, vierta las yemas de huevo en una licuadora o en un procesador de alimentos, y licúe por unos segundos. Mientras el procesador está prendido agregue el jugo de limón, la sal, la pimienta y la nuez moscada, si la usa. Lentamente añada la mantequilla derretida con un flujo delgado y licúe durante 10 segundos, o hasta que esté espesa y suave.

Rinde alrededor de ¹/₂ taza

Aderezos

•

• Aderezo para ensalada fácil •
y rápido

Los aderezos de frasco muchas veces contienen azúcar o miel de maíz, los cuales aumentan los gramos de carbohidratos. Puede elaborar su propio delicioso con algunos ingredientes básicos que probablemente tenga en su alacena.

> TOTAL DE CARBOHIDRATOS:
>
> 5.4 gramos por ¹/₂ taza

2 filetes de anchoas en aceite
3 cucharadas de aceite de oliva
1 ¹/₂ cucharadas de vinagre de buena calidad (como de vino, balsámico o de jerez)

1 cucharada de mostaza tipo Dijon
sal y pimienta al gusto

• Macere los filetes de anchoas con un tenedor. Colóquelos en un frasco que tenga una tapa que cierre muy bien. Agregue el aceite, el vinagre, la mostaza, sal y la pimienta. Tape y agíte vigorosamente de 15 a 30 segundos, hasta que se mezcle bien. Sirva inmediatamente o conserve tapado en el refrigerador hasta 4 días. Agite el aderezo antes de usarlo.

Rinde alrededor de ¹/₂ taza

• Vinagreta de chalotes y naranja •

Los aderezos hechos en casa saben muchísimo mejor que los de frasco. Esta vinagreta es ácida, aunque ligeramente dulce, y puede utilizarse también como marinada para res, cerdo o cordero.

TOTAL DE CARBOHIDRATOS:

13.1 gramos por taza

2 cucharadas de vinagre
balsámico
2 cucharadas de vinagre de
vino tinto
2 cucharaditas de salsa
inglesa
2 cucharaditas de mostaza
tipo Dijon
1 cucharada de jugo de lima

1 cucharada de chalotes
picados
1 cucharadita de cáscara de
naranja, rallada
1 cucharadita de jugo de
naranja fresca
sal y pimienta al gusto
¾ de taza de aceite de oliva

• En un procesador de alimentos combine el vinagre balsámico, el vinagre de vino tinto, la salsa inglesa, la mostaza, el jugo de lima, los chalotes, la cáscara y el jugo de naranja, la sal y la pimienta y mezcle por 30 segundos. Mientras el procesador está prendido, añada el aceite en un chorro lento y mezcle por otros 20 segundos, o hasta que la vinagreta esté suave. Use inmediatamente o conserve en un recipiente hermético en el refrigerador hasta 1 semana.

Rinde alrededor de 1 taza

• Vinagreta de mostaza y nuez •

Una cantidad generosa de mostaza le da a esta vinagreta un sabor picante. Es una alternativa muy sabrosa para aderezos hechos a base de mayonesa.

> TOTAL DE CARBHIDRATOS:
>
> 4.5 gramos por ³/₄ de taza

1 ¹/₂ cucharadas de mostaza tipo Dijon

3 cucharadas de vinagre de vino tinto

1 diente de ajo pequeño

¹/₂ cucharadita de sal

¹/₂ cucharadita de pimienta recién molida

¹/₂ taza de aceite de oliva

1 cucharada de aceite de nuez

• En un procesador de alimentos o en una licuadora, combine la mostaza, el vinagre, el ajo, la sal y la pimienta, y licue durante 30 segundos. Mientras el procesador está prendido, agregue los aceites en un chorro lento y licúe por otros 10 segundos o hasta que el aderezo esté suave. Use inmediatamente o conserve en un recipiente hermético en el refrigerador hasta 1 semana.

Rinde alrededor de ³/₄ de taza

• Aderezo César •

Debido a que los huevos crudos ya no son tan populares por los riesgos de la salmonela, hemos creado una versión de este aderezo con un huevo cocido. El aderezo se separará porque el huevo cocido no puede "aglutinar" el aceite. Si lo prepara por anticipado, asegúrese de licuarlo de nuevo antes de servir.

> TOTAL DE CARBOHIDRATOS:
>
> 4.9 gramos por ¾ de taza

1 huevo cocido, pelado
2 dientes de ajo pequeños
1 ½ cucharadas de Pasta de anchoas (pág. 159)
1 cucharadita de jugo de limón fresco
1 cucharada de salsa inglesa

½ cucharadita de mostaza tipo Dijon
2 cucharadas de aceite de oliva
2 cucharadas de queso Parmesano rallado

• Vierta el huevo, el ajo, la pasta de anchoas, el jugo de limón, la salsa inglesa y la mostaza en un procesador de alimentos y haga puré durante 30 segundos o hasta que esté suave. Mientras el procesador está prendido, agregue el aceite con un chorro lento y luego el queso, y haga puré por otros 30 segundos o hasta que esté suave. Use inmediatamente o guarde en un recipiente hermético en el refrigerador hasta 3 días. Vuelva a licuar antes de servir.

Rinde alrededor de ¾ de taza

• Aderezo de salmón ahumado •

Este inusual aderezo poco común resulta fabuloso con hortalizas verdes. También es delicioso cuando se sirve para acompañar espárragos al vapor o como *dip* para verduras crudas.

> TOTAL DE CARBOHIDRATOS:
>
> *8.5 gramos por taza*

¼ de taza de crema agria
½ taza de mayonesa
1½ onzas de salmón
    ahumado, en rebanadas
    delgadas
2 cucharaditas de vinagre de
    vino blanco

3 cucharaditas de jugo de
    limón fresco
2 cucharadas de cebollitas
    (únicamente la parte
    blanca), picadas

• Combine la crema agria, la mayonesa, el salmón, el vinagre, el jugo de limón y las cebollitas en un procesador de alimentos y haga puré durante 1 minuto, o hasta que esté suave. Sirva inmediatamente o guarde en un recipiente hermético en el refrigerador hasta 2 días.

Rinde alrededor de 1 taza

Panes

•

• Pan fácil y rápido •

He aquí un pan fresco, con mucho sabor, que se puede hacer en treinta minutos.

> **TOTAL DE CARBOHIDRATOS:**
>
> *16.8 gramos por hogaza*

mantequilla para engrasar el molde	2 huevos grandes
1 taza de mezcla para hornear Atkins*	½ taza de crema espesa
	¼ de taza de agua de seltz

● Precaliente el horno a 375°F. Engrase con mucha mantequilla un molde de 8½ por 4½ por 2½ pulgadas.

Bata la mezcla para hornear, los huevos, la crema y el agua de seltz con una batidora eléctrica. Vierta la mezcla preparada en el molde y hornee durante 25 minutos. Deje enfriar por 5 minutos. Sirva inmediatamente o guarde bien envuelto en el refrigerador hasta 5 días.

Rinde 1 hogaza

* Ordénela por correo al 1-888-DR ATKINS.

• Pan de queso Cheddar •

Enriquecido con Cheddar ligero, este pan es sabroso y sustan-
cioso.

> TOTAL DE CARBOHIDRATOS:
>
> *18 gramos por hogaza*

mantequilla para engrasar el
   molde
⅓ de taza de harina de soya
   (disponible en tiendas
   naturistas)
⅓ de taza de suero proteinado
   (disponible en tiendas
   naturistas)

2 huevos grandes
½ cucharadita de polvo para
   hornear
2 cucharadas de crema agria
2 cucharadas de aceite de
   oliva
½ taza de queso Cheddar
   rallado

* Precaliente el horno a 375°F. Engrase con mucha mantequilla
un molde de 8½ por 4½ por 2½ pulgadas.

Combine la harina de soya, el suero, los huevos, el polvo para
hornear, la crema agria y el aceite en un recipiente y mezcle bien.
Incorpore en forma envolvente la mitad del cheddar a la mezcla.
Viértala en el molde y espolvoree encima el queso restante.
Hornee durante 25 minutos, o hasta que el probador salga limpio.
Sirva inmediatamente o guarde bien envuelto en plástico en el re-
frigerador por 2 días o en el congelador hasta 1 mes.

Rinde 1 hogaza

· Pan de pimienta y tocino ·

Sirva con huevos este apetitoso pan al desayuno o con una ensalada en un almuerzo ligero.

> TOTAL DE CARBOHIDRATOS:
>
> *18.8 gramos por hogaza*

mantequilla para engrasar el
   molde
⅓ de taza de harina de soya
   (disponible en tiendas
   naturistas)
⅓ de taza de suero proteinado
   (disponible en tiendas
   naturistas)

2 huevos grandes
½ cucharadita de polvo para
   hornear
2 cucharadas de crema agria
½ cucharadita de pimienta
   recién molida
3 rebanadas de tocino,
   cocinadas y desmoronadas

- Precaliente el horno a 375°F. Engrase con muchamantequilla un molde de 8½ por 4½ por 2½ pulgadas.

Combine la harina de soya, el suero, los huevos, el polvo para hornear, la crema agria y la pimienta en un recipiente y mezcle bien. Agregue la mitad de los trozos de tocino. Vierta la mezcla en el molde y espolvoree encima el tocino restante. Hornee por 25 minutos o hasta que el probador salga limpio. Sirva inmediatamente o consérvelo bien envuelto en plástico en el refrigerador hasta 2 días o en el congelador hasta 1 mes.

Rinde 1 hogaza

· Mantecadas de crema agria · y ajonjolí

Únteles mantequilla, queso crema o paté a estas deliciosas mantecadas. Nunca extrañará el pan blanco. Acompañan muy bien las sopas o las ensaladas.

> TOTAL DE CARBOHIDRATOS: *15 gramos*
>
> POR PORCIÓN: *3.8 gramos por mantecada*

¼ de taza harina de tofu o de soya (disponible en tiendas naturistas)
¼ de taza de semillas de ajonjolí molidas (véase Sugerencia en la pág. 190)

3 cucharadas de crema agria
2 cucharadas de mantequilla derretida
½ cucharadita de polvo para hornear
2 huevos grandes, ligeramente batidos

● Precaliente el horno a 350°F. Engrase con mucha mantequilla 4 moldes para mantecadas de ½ taza.

Combine la harina, las semillas de ajonjolí, la crema agria, la mantequilla derretida, el polvo para hornear y los huevos en un procesador de alimentos durante 2 o 3 minutos, o hasta que esté suave. Divida la mezcla en los 4 moldes, llenándolos a la mitad. (Vierta agua en cualquier moldes vacíos.) Hornee de 20 a 25 minuto, o hasta que el probador salga limpio. Deje enfriar las mantecadas en los moldes durante 5 minutos, luego retírelas de estos para enfriarlas completamente en una rejilla.

Rinde 4 mantecadas

• Galletas de queso saladas •

Estas deliciosas galletas tienen una textura excelente para acompañar sopas y ensaladas.

> **TOTAL DE CARBOHIDRATOS:** *25 gramos*
>
> **POR PORCIÓN:** *1.2 gramos por galleta*

mantequilla para engrasar la lata de hornear galletas
¾ de taza de mezcla para hornear Atkins*
4 cucharadas (½ barra) de mantequilla
2 claras de huevo grandes
¼ de taza de semillas de girasol
⅓ de taza de queso parmesano rallado
1 cucharada de jugo de limón
1 cucharada de cáscara de limón, rallada
¼ de cucharadita de sal
½ cucharadita de pimienta
⅓ de taza de agua mineral

• **Precaliente el horno a 375°F. Engrase con mucha mantequilla una hoja para hornear galletas.**

Combine la mezcla para hornear, la mantequilla, las claras de huevo, las semillas de girasol, el queso, el jugo de limón, la cáscara de limón, la sal, la pimienta y al agua mineral. Mezcle bien en un recipiente grande hasta que esté suave. Vierta varias cucharadas de la mezcla en la lata para hornear. Hornee por 18 minutos o hasta que dore un poco. Retire del horno y deje enfriar ligeramente. Coloque las galletas en una rejilla y déjelas enfriar completamente. Sirva inmediatamente o conserve en un recipiente hermético hasta 5 días.

Rinde alrededor de 20 galletas

* Ordénela por correo al 1-888-DR ATKINS.

• Budín Yorkshire •

Un esponjoso y dorado budín Yorkshire, horneado moldecitos en para hornear, es un rico acompañamiento para el Rib-eye en salsa de vino tinto (pág. 129).

> TOTAL DE CARBOHIDRATOS: *10.8 gramos*
>
> POR PORCIÓN: *5.4 gramos*

Mantequilla para engrasar los moldecitos	½ taza de crema espesa
	⅓ de taza de agua mineral
¼ de taza de harina de soya	2 huevos grandes

• Precaliente el horno a 450°F. Engrase con mucha mantequilla 4 ramekins de 5 onzas.

Bata la harina, la crema, el agua mineral y los huevos con una batidora eléctrica en un recipiente. Divida la mezcla en los moldecitos y hornee de 18 a 20 minutos, o hasta que esponjen y doren.

Rinde 4 porciones

• Mantecadas de ron y mantequilla •

No sentirá que le falta nada cuando se desayune con estas mantecadas deliciosas, untadas con mantequilla y acompañadas de una taza de café caliente (descafeinado, desde luego) con crema espesa.

> TOTAL DE CARBOHIDRATOS: *19.8 gramos*
>
> POR PORCIÓN: *5 gramos por mantecada*

¼ de taza de harina de tofu o soya (disponible en tiendas naturistas)

¼ de taza de semillas de ajonjolí molidas (véase Sugerencia en la pág. 190)

2 huevos grandes ligeramente batidos

3 cucharadas de crema agria

1 cucharada de mantequilla blanda

1 cucharadita de ron

1½ sobrecitos de sustituto de azúcar (no use Equal ni aspartame porque pierden u dulzura al calentarse)

½ cucharadita de extracto de vainilla

½ cucharadita de polvo para hornear

¼ cucharadita de suero proteinado (disponible en tiendas naturistas)

● Precaliente el horno a 350°F. Engrase con mucha mantequilla 4 moldes para mantecadas de ½ taza.

Combine la harina, las semillas de ajonjolí, los huevos, la crema agria, mantequilla, el ron, el sustituto de azúcar, el extracto de vainilla, el polvo para hornear y el suero proteinado en un procesador de alimentos de 2 a 3 minutos, o hasta que esté suave. Divida la mezcla equitativamente entre los 4 moldes, llenándolos a la mitad, y llene con agua los moldes vacíos. Hornee de 20 a 25 minutos, o hasta que el probador salga limpio. Deje enfriar las mantecadas en los moldes durante 5 minutos, luego páselas a una rejilla para que se enfríen completamente.

Variante: Para suculentas mantecadas de zarzamora, añada ¼ de taza de zarzamoras (5.1 gramos de carbohidratos) a la mezcla.

Rinde 4 mantecadas

• Empanizados I, II y III •

Una tarde el Dr. Atkins y yo decidimos inventar un perfecto empanizado bajo en carbohidratos. ¡Los resultados fueron tan maravillosos que inventamos tres! Todos son fabulosos, así que puede seleccionar el que desee, dependiendo de los ingredientes de que disponga.

Sugerencias:

Para moler el chicharrón colóquelo, en un procesador de alimentos durante 40 segundos.
Para moler las semillas de ajonjolí viértalas en un procesador de alimentos durante 45 segundos.

Variante: Para un sabor diferente, añada ½ cucharadita de hierbas secas. El tomillo, el romero y la salvia saben bien con la carne, y el estragón es muy sabroso con pollo y pescado. Para un empanizado más picante, agregue chile piquín o mostaza seca al gusto.

· Empanizado I ·
Empanizado de moronas de chicharrón y ajonjolí

TOTAL DE CARBOHIDRATOS:

7.1 gramos por ³/₄ de taza

½ taza de moronas de chicharrón molido (véase Sugerencia en la pág. 190)
½ cucharadita de pimienta

¼ de taza de semillas de ajonjolí molidas (véase Sugerencia en la pág. 190)

- Combine las moronas de chicharrón, la pimienta y las semillas de ajonjolí en un recipiente y mezcle bien. Use inmediatamente o guarde en un recipiente hermético hasta 1 semana.

Rinde alrededor de ³/₄ de taza

· Empanizado II ·

Empanizado de tofu y ajonjolí

TOTAL DE CARBOHIDRATOS:

14 gramos por ½ taza

¼ de taza de semillas de ajonjolí molidas (véase Sugerencia en la pág. 190)

½ cucharadita de pimienta
¼ de taza de harina de tofu o soya (disponible en tiendas naturistas)

- Combine las semillas de ajonjolí, la pimienta y la harina en un tazón y mezcle bien. Use inmediatamente o guarde en un recipiente hermético hasta 1 semana.

Rinde alrededor de ½ taza

• Empanizado III •

Empanizado de moronas de chicharrón y tofu

TOTAL DE CARBOHIDRATOS:

7.5 gramos por ¾ de taza

½ taza de moronas de
chicharrón molidas (véase
Sugerencia en la pág.
190)

¼ de cucharadita de pimienta
¼ de taza de harina de tofu o
soya (disponible en
tiendas naturistas)

• Combine las moronas, la pimienta y la harina en un tazón y mezcle bien. Use inmediatamente o conserve en un recipiente hermético hasta 1 semana.

Rinde alrededor de ¾ de taza

Postres

•

Zabaglione
Crema sueca
Budín de natilla de coco
Crema de mantequilla de chocolate
Pastel de avellanas
Pastel de queso sin corteza
Galletas de coco
Pastel Verónica con un beso de ron
Postre fácil y rápido del Dr. Atkins

• *Zabaglione* •

Esta suculenta natilla se combina con vino marsala y se complementa con moras frescas. Es el final perfecto para una cena o un almuerzo. Disfrútela.

> TOTAL DE CARBOHIDRATOS: *10.6 gramos*
>
> POR PORCIÓN: *5.3 gramos*

4 yemas de huevo
1½ sobrecitos de sustituto de azúcar (no use Equal ni aspartame porque pierden su dulzura al calentarse)

¼ de taza de vino marsala seco
¼ de taza de zarzamoras
2 fresas grandes maduras
2 ramitos de hojas frescas de menta, lavadas y secas para adornar

• **Combine las yemas de huevo, el sustituto de azúcar y el vino marsala en un procesador de alimentos y licúe 15 segundos. Vierta la mezcla en un recipiente a baño María y bata constantemente hasta que espese, alrededor de por 5 minutos, o cuando tenga la consistencia de crema batida. Vierta en 2 moldecitos pequeños *ramekins*. Adorne con la mitad de las zarzamoras, con una fresa y con un ramito de menta. Sirva así o refrigere. La natilla se puede refrigerar y guardar hasta 3 días.**

Rinde 2 porciones

• Crema sueca •

Sirva este suculento postre solo o acompañado con Miel de jengibre (pág. 207).

> **TOTAL DE CARBOHIDRATOS:** *8.7 gramos*
>
> **POR PORCIÓN:** *4.35 gramos*

½ taza de crema espesa
⅓ de sobre de gelatina sin sabor
1 ½ sobrecitos de sustituto de azúcar (no use Equal ni aspartame porque pierden su dulzura al calentarse)

½ cucharadita de extracto de vainilla
½ taza de crema agria

• Combine ¼ de taza de la crema y la gelatina en una sartén pequeña y cocine a fuego muy lento, batiendo constantemente de 1 a 2 minutos, hasta que se disuelva la gelatina. Agregue poco a poco la crema restante, sin dejar de batir. Agregue el extracto de vainilla y el sustituto de azúcar y cocine durante 10 minutos, batiendo frecuentemente. Enfríe a temperatura ambiente. Agregue la crema agria hasta que esté suave. Sirva a temperatura ambiente o frío.

Rinde alrededor de 1 taza

Variante: Para un sabor un poco más fuerte, añada a la crema ½ cucharadita de cáscara de limón rallada al agregar la crema agria.

• Budín de natilla de coco •

Rico y cremoso, este budín de coco tiene un delicioso sabor de ron y mantequilla.

> TOTAL DE CARBOHIDRATOS: *17.2 gramos*
>
> POR PORCIÓN: *8.6 gramos*

1 lata de 14 onzas de agua de coco sin azúcar
½ taza de crema espesa
1 cucharada de extracto de ron y mantequilla
3 yemas de huevo

2 sobrecitos de diferentes sustitutos de azúcar o 3 sobres del mismo tipo (no use Equal ni aspartame porque pierden su dulzura al calentarse)

• Ponga a hervir el agua de coco y la crema espesa en una olla y baje el fuego hasta que quede muy bajo.

Mientras tanto, bata el extracto de ron y mantequilla, las yemas de huevo y el sustituto de azúcar en un recipiente.

Incorpore, batiendo la mezcla de huevo en la mezcla de crema, poco a poco. Cocine a fuego muy lento, revolviendo constantemente, durante 5 minutos. Coloque la olla en una cacerola grande llena de agua fría y deje enfriar por 5 minutos. Sirva a temperatura ambiente o frío.

Rinde 2 porciones

Nota: sugerimos usar una combinación de sustitutos de azúcar; la combinación de diferentes tipos tiene un efecto sinergético. Por lo tanto, se se requiere menos cantidad.

• Crema de mantequilla •
de chocolate

Esta suave crema de chocolate sabe excelente sola, servida en recipientes de vidrio individuales, o con el Pastel de avellanas (pág. 199).

> **TOTAL DE CARBOHIDRATOS:**
>
> 4.4 gramos por taza

4 yemas de huevo grandes
2 cucharadas de cognac
½ cucharadita de extracto de vainilla
1 cucharada de chocolate oscuro amargo, rallado
8 cucharadas (1 barra) de mantequilla sin sal blanda

1 sobrecito de sustituto de azúcar (no use Equal ni aspartame porque pierden su dulzura al calentarse)

- Bata las yemas de huevo, el cognac, el extracto de vainilla, el chocolate, la mantequilla y el sustituto de azúcar con una batidora eléctrica durante 2 minutos en un recipiente grande. Coloque la mezcla a baño María a fuego lento y cocine por 7 minutos, revolviendo constantemente. Retire del fuego, deje enfriar a temperatura ambiente y sirva.

Rinde alrededor de 1 taza o 2 porciones

• Pastel de avellanas •

Este pastel de avellanas horneado tiene un rico sabor y mara-villoso aroma. Se puede servir con crema batida o con la Crema de mantequilla de chocolate (pág. 198).

> TOTAL DE CARBOHIDRATOS: *21.8 gramos*
>
> POR PORCIÓN: *5.5 a 7.4 gramos*

mantequilla para engrasar el molde
¾ de taza más 2 cucharadas de avellanas molidas
1 cucharada de suero proteinado (disponible en tiendas naturistas)
2 huevos grandes
1 cucharada de crema agria
1 sobrecito de sustituto de azúcar (no use Equal ni aspartame porque pierden su dulzura al calentarse)
½ cucharadita de polvo para hornear

* Precaliente el horno a 350°F.

Engrase con mucha mantequilla un molde redondo de 8 pul-gadas para pastel y espolvoree las 2 cucharadas de avellanas en el fondo del molde.

Combine las avellanas restantes, el suero proteinado, los huevos, la crema agria, el sustituto de azúcar y el polvo para horne-ar en un recipiente grande. Utilice una batidora eléctrica para batir a velocidad media durante 2 minutos, hasta que esponje. Vierta la mezcla en el molde preparado. Hornee durante 25 minutos, o hasta que el probador salga limpio. Enfríe a tem-peratura ambiente y sirva.

Rinde 3 a 4 porciones

• Pastel de queso sin corteza •

No es necesario privarse de exquisitos y suculentos postres mientras se sigue la dieta Atkins. He aquí un majestuoso pastel de queso sin corteza que seguramente deleitará a cualquier goloso.

> TOTAL DE CARBOHIDRATOS: 21 gramos
>
> POR PORCIÓN: 2.6 gramos

12 onzas de queso crema blanda
2 sobrecitos de sustituto de azúcar diferentes o 3 sobrecitos del mismo tipo (véase Nota)

1 cucharadita de extracto de vainilla
1 taza de crema espesa
½ taza de fresas frescas en cuartos (optativo / 5.2 gramos de carbohidratos)

• **Combine el queso crema, el sustituto de azúcar y el extracto de vainilla en un recipiente y mezcle bien. Bata la crema espesa en un recipiente hasta que forme picos. Agregue lentamente la crema batida a la mezcla de queso crema.**

Vierta la mezcla en un recipiente de vidrio grande y enfríe, tapado con una envoltura de plástico, por lo menos durante 25 minutos. Adorne con las fresas, si las usa. Sirva inmediatamente o guarde tapado con envoltura de plástico en el refrigerador hasta 2 días.

Rinde 8 porciones

Nota: Sugerimos usar una combinación de sustitutos de azúcar; la combinación de diferentes tipos tiene un efecto sinergético. Por lo tanto, se requiere menos cantidad.

• Galletas de coco •

¡Sí, usted puede darse gusto con galletas recién horneadas! Estos apetitosos ramilletes son un festín delicioso. Al hornearlas, asegúrese de dejar espacio suficiente entre ellas para que se puedan esponjar.

> TOTAL DE CARBOHIDRATOS: *19.3 gramos*
>
> POR PORCIÓN: *0.9 por galleta*

mantequilla para engrasar la hoja de hornear
½ taza de mezcla para hornear Atkins*
¼ de taza de coco rallado, sin azúcar
¼ de taza de avellanas picadas
2 claras de huevo
2 cucharadas de agua mineral

8 cucharadas de mantequilla (1 barra) blanda
2 sobrecitos de sustituto de azúcar diferentes o 3 sobrecitos del mismo tipo (no use Equal ni aspartame porque pierden su dulzura al calentarse) (véase Nota)

- Precaliente el horno a 375 °F.
  Engrase con mucha mantequilla una lata para hornear.
  Combine la mezcla, el coco, las avellanas, las claras de huevo, el agua mineral, la mantequilla y el sustituto de azúcar en un recipiente y mezcle bien. Con una cuchara redonda deje caer la mezcla en la lata para hornear (saldrán alrededor de 20 galletas). Hornee durante 20 minutos, o hasta que doren un poco. Retire del horno y deje enfriar ligeramente. Sirva inmediatamente o conserve en un recipiente hermético hasta 1 semana.

Rinde alrededor de 20 galletas

Nota: sugerimos usar una combinación de sustitutos de azúcar; la combinación de diferentes tipos tienen un efecto sinergé-tico. Por lo tanto, se requiere menos cantidad.

* Ordénela por correo al 1-888-DR ATKINS.

• Pastel Verónica •
con un beso de ron

Nadie creerá que este postre sea parte de una dieta. El ron le añade un sabor fuerte que se complementa con la frescura de las fresas frescas.

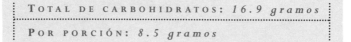

TOTAL DE CARBOHIDRATOS: *16.9 gramos*

POR PORCIÓN: *8.5 gramos*

2 mantecadas de ron y mantequilla (receta en la pág. 189) partidas a la mitad
2 cucharadas de ron (no sustituya los licores

porque tienen un alto contenido de azúcar)
½ taza de crema espesa
1 sobre de sustituto de azúcar
2 fresas grandes partidas a la mitad

• Rocíe las mitades de las mantecadas con ron. Combine la crema y el sustituto de azúcar en un recipiente y bata hasta formar picos. Divida la crema batida en las dos mantecadas. Coloque una fresa en el centro de cada pastelito. Sirva inmediatamente.

Rinde 2 porciones

• Postre fácil y rápido •
del Dr. Atkins

Cuando no tengo tiempo para hacer un postre, siempre encuentro al Dr. Atkins en la cocina improvisando un dulce toque final. Ésta es una de sus mejores creaciones.

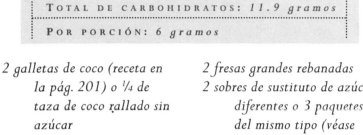

TOTAL DE CARBOHIDRATOS: *11.9 gramos*

POR PORCIÓN: *6 gramos*

2 galletas de coco (receta en la pág. 201) o ¼ de taza de coco rallado sin azúcar
¼ de taza de crema agria
¼ de taza de crema espesa

2 fresas grandes rebanadas
2 sobres de sustituto de azúcar diferentes o 3 paquetes del mismo tipo (véase Nota)*
1 pizca de ron o cognac

● **Divida las galletas desmoronadas o el coco en 2 platos. Cubra cada porción con la mitad de la crema agria, la mitad de la crema espesa, la mitad de las fresas, la mitad del sustituto de azúcar y una pizca de ron. Sirva inmediatamente.**

Rinde 2 porciones

Nota: sugerimos usar una combinación de sustitutos de azúcar; la combinacion de diferentes tipos tienen un efecto sinergético. Por lo tanto, se requiere menos cantidad.

* A pesar de que la mayoría de los estudios científicos publicados han mostrado que el aspartame (NutraSweet, Equal) es seguro, la experiencia clínica muchas veces ha indicado lo contrario. Se han reportado dolores de cabeza, irritabilidad y la imposibilidad de perder peso o de controlar la glucosa sanguínea, así como reacciones mixtas entre quienes no pueden tolerar el glutamato monosódico (MSG). Consulte con su médico si le preocupa utilizar aspartame. El mejor consejo sería usarlo con moderación, combinándolo preferiblemente con otros endulcorantes. También recuerde que el aspartame pierde su dulzura al calentarse.

Bebidas

•

Miel de jengibre
Ginger ale hecha en casa
Crema de jengibre
Coctel caliente con especias

· Miel de jengibre ·

Esta fragante miel de jengibre se puede usar para la Ginger Ale hecha en casa. También es deliciosa al rociarla sobre el Budín de natilla de coco (pág. 197) o batida con crema espesa.

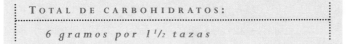

TOTAL DE CARBOHIDRATOS:

6 gramos por 1 ½ tazas

1 trozo de 3 pulgadas de raíz de jengibre fresca, pelada y cortada en trocitos de 1 pulgada
2 tazas de agua
el jugo de ½ limón
2 cucharaditas de extracto de vainilla

3 sobrecitos de diferentes sustitutos de azúcar o 4 paquetes del mismo tipo (no use Equal ni aspartame porque pierden su dulzura al calentarse) (véase Nota)

● Combine la raíz, el agua, el sustituto de azúcar, el jugo de limón y el extracto de vainilla en una cacerola. Deje que suelte un ligero hervor y cocine a fuego lento, tapado, durante 20 minutos. Cuele sobre un recipiente con un colador forrado con manta de cielo doble, mojada y escurrida, presionando los sólidos con la parte posterior de una cuchara. Agregue más sustituto de azúcar o extracto de vainilla al gusto.

Rinde alrededor de 1 ½ tazas

Nota: Sugerimos usar una combinación de sustitutos de azúcar, porque la combinación de diferentes tipos produce un efecto sinergético. Por lo tanto, se requiere menos cantidad.

• Ginger ale hecha en casa •

Esta sabrosa Ginger Ale se puede preparar en varios grados, desde suave hasta fuerte, según su gusto. Simplemente modifique la cantidad de miel de jengibre y de seltzer.

> TOTAL DE CARBOHIDRATOS:
>
> 1.3 gramos por ¾ de taza

⅓ taza de Miel de jengibre
(pág. 207)
½ taza de seltzer fría

hielo
hojas de menta para adornar
(optativo)

• Combine la miel, la seltzer y el hielo en un vaso alto. Revuelva suavemente y adorne con la hoja de menta, si desea.

Rinde alrededor de ¾ de taza

• Crema de jengibre •

Sirva esta rica y cremosa bebida como postre en vasos de martini fríos.

> TOTAL DE CARBOHIDRATOS: 11.6 gramos
>
> POR PORCIÓN: 5.8 gramos

½ taza de Miel de jengibre
   (pág. 207)
1½ tazas de crema espesa muy
   fría
2 tiras de cáscara de naranja
   para adornar (optativo)

una pizca de canela, o al
   gusto, para adornar
   (optativo)

• Bata muy bien la miel y la crema en un recipiente o en una jarra pequeña. Vierta en 2 vasos fríos y adorne cada uno con una tira de cáscara y canela, si desea. Sirva inmediatamente.

Rinde alrededor de 2 tazas

• Coctel caliente con especias •

Esta sabrosa bebida es un aperitivo sin alcohol muy reconfortante, especialmente en una noche fría.

> TOTAL DE CARBOHIDRATOS: *2.8 gramos*
>
> POR PORCIÓN: *1.4 gramos*

2 tazas de caldo de res
4 cucharaditas de salsa de
   tomate
½ cucharadita de cebolla,
   rallada

1 cucharadita de salsa inglesa
½ cucharadita de rábano
   picante, escurrido
1 ó 2 gotas de salsa tabasco
sal y pimienta al gusto

• Mezcle el caldo, la salsa de tomate, la cebolla, la salsa inglesa, el rábano picante, la salsa tabasco, la sal y la pimienta en una cacerola. Caliente a fuego moderado, revolviendo ocasionalmente hasta que esté caliente. Divida en 2 jarros y sirva.

Rinde 2 porciones

Lista rápida y fácil de alimentos bajos en carbohidratos

PROTEÍNAS

RES

TODOS LOS QUESOS*

(AÑEJADOS)

Brie

Camembert

Cheddar

De cabra

Feta

Fontina

Gouda

Gruyere

Havarti

Monterrey Jack

Mozzarella

Muenster

Parmesano

Provologne

Romano

Roqueforts

Sardo

Suizo

(FRESCOS)

Cottage

Crema

De cabra

De cazuela

Fresco

Mascarpone

Ricotta

POLLO

PATO

HUEVOS

TODOS LOS PESCADOS
(INCLUYENDO LOS
ENLATADOS)

Anchoas

Atún

Bacalao

Bacalao americano

Bagre

Bluefish

Huachinango (Pargo)

Lenguado

Pescado blanco

Pez espada

Pez monje

Platija

Robalo

Salmón

Sardina

Trucha

MARISCOS

Almejas

Calamares

Callos

Camarones

Cangrejo

Jaibas

Langosta

Mejillones

Ostiones

* Para los quesos que debe evitar véa
Carbohidratos ocultos, en las págs. 20–21.

AVES DE CAZA

CORDERO

PRODUCTOS LÁCTEOS

    Crema

    Crema agria

    Crema batida

    Mantequilla

CERDO

CONEJO

PAVO

TERNERA

CARNE DE VENADO

VEGETALES
VERDES
Y PARA ENSALADAS

    Acedera

    Acelga

    Achicoria

    Apio

    Berro

    Bokchoy

    Cebollín

    Col

    Col rizada

    Endibia

    Escarola

    Espinaca

    Gérmen de alfalfa

    Gérmen de frijol

    Hinojo

    Hongos

    Jícama

    Lechuga

    Hojas de mostaza

    Okra

Pepino

Pimientos

Puerro (Poro)

Rábanos

Ruga

OTRAS VERDURAS
BAJAS EN
CARBOHIDRATOS

    Aguacate

    Alcachofas

    Berenjena

    Brócoli

    Calabacitas

    Calabaza

    Calabaza de Castilla

    Castañas de agua

    Cebollas

    Col agria

    Colecitas de Bruselas

    Coliflor

    Chicharitos (Arvejas chinas)

    Espárragos

    Plátano

    Colinabo

    Nabos

    Lechuga verde

    Rabo de brócoli

    Ruibarbo

    Vainitas

HIERBAS

    Albahaca

    Cilantro

    Cebollín

    Eneldo

Estragón
Hoja de laurel
Mejorana
Menta
Orégano
Perejil
Perifollo
Romero
Salvia
Tomillo
Toronjil

NUECES Y SEMILLAS

Almendra
Avellana
Coco fresco
Macadamias
Nuez
Nuez de la India
Pacana
Pepitas
Piñones
Semilla de girasol
Semilla ajonjolí

GRASAS Y ACEITES
(Se prefieren grasas frías)

Aceite de canola
Aceite de cártamo
Aceite de girasol
Aceite de nuez
Aceite de oliva
Aceite de
   ajonjolí
Aceite de soya
Grasa animal
Mantequilla
Mayonesa

HARINAS PARA EMPANIZAR

Moronas de chicharrón
Harina de soya
Harina de tofu
Mezcla para hornear
   Atkins
Proteína de suero

SUSTITUTOS DEL AZÚCAR

Cada persona a dieta debe determinar el grado de endulcorante que responde major a su organismo* La manera eficiente de utilizar endulcorantes es consumir más de un tipo juntos, porque estos crean un efecto sinérgico. Se debe experimentar con combinaciones hasta descubrir la favorita y la cantidad a usar, para lograr la dulzura deseada.

*A pesar de que la mayoría de los estudios científicos publicados han mostrado que el aspartame (NutraSweet, Equal) es seguro, la experiencia clínica muchas veces ha indicado lo contrario. Se han reportado dolores de cabeza, irritabilidad y la imposibilidad de perder peso o de controlar la glucosa sanguínea, así como reacciones mixtas entre quienes no pueden tolerar el glutamato monosódico (MSG). Consulte con su médico si le preocupa utilizar aspartame. El mejor consejo sería usarlo con moderación, combinándolo preferiblemente con otros endulcorantes. También recuerde que el aspartame pierde su dulzura al calentarse.

• Reconocimientos •

UN AGRADECIMIENTO MUY ESPECIAL A . . .

Mi hermana Valentina Zimbalkin, cuyos talentos culinarios siempre he admirado y envidiado secretamente.

Nuestra amiga Anya Senoret, cuya creatividad va desde diseñar hermosa ropa hasta crear platillos fabulosos.

Nena, quien vino de Croacia de visita.

Mi sobrina Michael y mi sobrino Tina y (de 8 y 10 años de edad), quienes fueron mis probadores oficiales y cuyos veredictos de "más o menos" e "impresionante" fueran muy alentadores.

Mi anterior compañera de cuarto, Stella Siu, quien me dio unos consejos maravillosos.

Kathleen Duffy Freud, Bettina Newman y Michael Cohn por su experiencia y ayuda.

Mis editores en Simon & Schuster, Fred Hills y Sydny Miner, por su fe y apoyo, a pesar de las fechas límite intimidantes.

Erika Sommer, mi coautora, ya que sin ella este libro no hubiera salido a la luz.

Y por último a Nancy Hancock, aunque no por ello menos importante, pues fue quien convenció a Simon & Schuster que este libro "se necesitaba".

ACERCA DE LOS AUTORES

EL DR. ROBERT C. ATKINS, es el fundador y director médico del Atkins Center for Complementary Medicine. Graduado de la Universidad de Michigan en 1951, obtuvo su título en medicina en la Facultad de Medicina de la Universidad de Cornell en 1955 y se especializó en cardiología. Ha ejercido la medicina durante más de 30 años y es autor de varios libros. Como líder en el área de medicina naturista y farmacología nutricional, ha logrado reputación internacional. Recibió el premio de la Organización Mundial de Reconocimiento de Medicina Alternativa y fue el Hombre del Año de la Federación Nacional de Salud. Ha aparecido en varios programas de televisión, tales como "Larry King Live", "Oprah", "CBS This Morning", y "CNBC", en los cuales ha hablado sobre dietas y temas de salud. Sus muchos artículos han sido publicados en periódicos y revistas. También tiene un programa nacional de radio de difusión restringida. El Dr. Atkins es el editor de su propio boletín mensual, "Dr. Atkins' Health Revelations". Vive en la ciudad de Nueva York con su esposa, Veronica.

VERONICA ATKINS nació en Rusia y escapó por poco de los violentos ataques nazis durante la Segunda Guerra Mundial, al huir a Viena donde vivía tía abuela. A partir de entonces, ha vivido en siete países y tiene fluidez en igual número de idiomas. Sus múltiples viajes le han dado un amplio conocimiento de la cocina internacional. La música también ha desempeñado un papel importante en su vida. Empezó a cantar en Europa desde muy joven y fue cantante profesional de ópera, de 1963 a 1976. Hoy en día colabora activamente en el trabajo del Dr. Atkins en el Center for Complementary Medicine. Es miembro de la mesa directiva de la Foundation for the Advancement of Innovative Medicine Education. Su etapa actual es la cocina, en donde crea y elabora deliciosas recetas bajas en carbohidratos.